柔和谦卑
GENTLE AND LOWLY

基督对罪人和困苦人的心

戴恩·奥特伦（Dane Ortlund） 著
刘颖 高洁 杨迎 译

Gentle and Lowly: The Heart of Christ for Sinners and Sufferers

Copyright © 2020 by Dane C. Ortlund

Published by Crossway

1300 Crescent Street

Wheaton, Illinois 60187

All rights reserved.

柔和谦卑

作者：戴恩·奥特伦

翻译：刘颖　高洁　杨迎

校译：李茹君

责任编辑：李茹君

封面设计：杨　培

Print Edition ISBN：978-1-4335-8682-8

除非特别说明，所有圣经引文均来自和合本圣经

© 2023 by Crossway, a publishing ministry of Good News Publishers.

本书作者从清教徒的著作中受益良多,更重要的是,他在他们的指引下理解圣经。一本小书绝不足以说明基督属性的一切荣耀,但这本书巧妙地揭示了一些常常被我们忽略的事:基督心里柔和谦卑,他使那些劳苦负重担的人得安息。它以诗歌般温柔宁静的笔触,梳理出二十句经文的含义,描述了基督的心,这一切都带给信徒莫大的抚慰、力量与安息。

——**D. A. 卡森**(D. A. Carson),三一福音神学院新约荣誉教授、福音联盟共同创始人

这本书写得很及时,戴恩·奥特伦使我们将注意力重新转向耶稣的位格。他以圣经为中心,借鉴了清教徒传统的精华,帮助我们明白神在基督里向我们显明的心。他不仅提醒我们想到耶稣所应许的安息与抚慰,还提醒我们牢记圣经中的耶稣形象:一位良善、恩慈的大君王。

——**罗素·摩尔**(Russell Moore),《今日基督教》杂志公共神学家

在这条介于"已然"与"未然"之间的崎岖天路上,常有阴云笼罩,除了认识到耶稣的荣美,还有什么能让你那疲乏的心灵得着满足呢?唯有这份荣美才能使你胜过在人生旅途中将会遭遇的一切丑陋。在我所读过的书中,没有哪本书能如戴恩·奥特伦的这本书这么细致、透彻、温柔地展现了基督的

心。我就好像在听一曲恢宏的交响乐，在不同的篇章为不同的演奏方式所打动，但每一章都让我深深蒙福，因为我知道它描绘的是我的救主、我的主、我的密友，也是我的救赎主。投入时间，透过如奥特伦这样有恩赐的向导之眼认识耶稣的心，我认为神家里的所有人都会因此而蒙福。

——保罗·区普（Paul David Tripp），保罗·区普事工主席，《晨恩日新》（New Morning Mercies）和《我心呼喊》（My Heart Cries Out）的作者

清教徒的行事为人都以基督为中心：他们把圣经当成生命线一样紧紧抓住，操练照圣经而行如同锻炼肌肉，依靠圣经如同依靠防弹背心。他们知道怎样恨恶自己的罪而不是恨恶自己，因为他们明白基督的恩典是时刻同在的那一位，他比我们自己更了解我们的处境和需要。他们也明白，人之所以受苦是因为罪。戴恩·奥特伦熟练地打开了一座装满清教徒智慧的宝库，巧妙地将它呈现在基督徒读者面前。请你阅读本书，并祈求圣灵向你启示基督，使你得着清教徒那样的认识，这样你将得着更新，从一个全新的角度去认识神的恩典。

——罗莎莉亚·巴特菲尔德（Rosaria Butterfield），美国锡拉丘兹大学前英语教授，《福音带着一把家里钥匙》（The Gospel Comes with a House Key）一书作者

他是如此强大，以致能温柔待人。这是一部老电影里的台词。当我们思想戴恩·奥特伦在描述神对那些软弱、疲乏、绝望和因罪而患病之人的爱时所表现出的牧者心肠和神学的严谨，这句台词就不只是脱口而出的多愁善感之言了。《柔和谦卑》里包含的洞见好像一条从神宝座流出的怜悯之河，流经过去伟大的牧者，流入今天宝贵而大能的事工中。

——柴培尔（Bryan Chapell），美国伊利诺伊州皮奥里亚恩典长老会主任牧师

只读了几页我就意识到，这本书是多么的不同凡响，且至关重要——它揭示了基督的内心。看完之后，我们因神对人那种全然丰富的、包容的爱而深深震撼。它既令人激动，又能带来医治，是我所读过的最好的书之一。

——山姆·奥柏利（Sam Allberry），护教家和讲员，《关于单身的七大迷思》（*7 Myths about Singleness*）一书作者

戴恩·奥特伦所写的事好得令人难以置信——主喜悦向你我施怜悯——所以他非常仔细地研读关键经文，并寻求古代圣徒的帮助。我相信他的话，而且我期待将来能一次又一次相信。

——爱德华·韦尔契（Ed Welch），圣经辅导与教育协会（CCEF）的辅导员和教师

一看见这本书的标题，我心里就立刻生发出渴求、盼望与感恩。书中包含的信息犹如香膏一般，抚慰着每一个被罪恶和愁苦刺透的人——无论他们被刺透的是心灵还是肉体。它邀请我们体验救主那甜美的慰藉——基督带着恩典温柔地向我们走来，包括在我们自觉不配时。

——南希·蒂莫西·沃根玛斯（Nancy DeMoss Wolgemuth），作家，《使我们灵魂苏醒》（*Revive Our Hearts*）节目导师兼主持人

本书中那些美好又令人震撼的真理改变了我的生活。戴恩·奥特伦让我们看见基督对罪人和困苦人那满有怜悯的心，这证明了耶稣不是一位心不甘情不愿的救主，而是喜悦施行怜悯的救主。对所有感觉受伤、疲乏或空虚的人而言，这本书会带来莫大的安慰。

——迈克尔·里弗斯（Michael Reeves），英国牛津大学联合神学院院长兼神学教授

戴恩·奥特伦帮助我们重新认识到耶稣的心，即福音的核心。这本令人愉悦的书向我们揭示了耶稣无限温柔的爱。当你专注于基督的心时，会发现自己的心也被神的爱火点燃。奥特伦提出了一个被清教徒忽视的主题（分成多个独立章节，便于你慢慢体会），在此你会发现清教徒所领会的基督的爱之美。

你需要这本书，我强烈推荐！

——**保罗·米勒**（Paul E. Miller），著有《J曲线：日日生活中与耶稣同死同复活》（*A Praying Life and J-Curve: Dying and Risi7ng with Jesus in Everyday Life*）

戴恩·奥特伦带我们深入了解那位道成肉身之神的心——不只是耶稣为我们做了什么，还包括他对我们有何**感觉**。没错，就是对我们的感觉。本书扎根于圣经，借鉴清教徒托马斯·古德温（Thomas Goodwin）的教导，是医治破碎心灵的良药。

——**迈克尔·霍顿**（Michael Horton），美国加州威斯敏斯特神学院梅钦教席系统神学与护教学教授

目 录

引言		1
第一章	他的心	7
第二章	他的心发出果效	17
第三章	基督的喜乐	27
第四章	能体恤我们	35
第五章	温柔体谅	45
第六章	总不丢弃	53
第七章	他对我们的罪有何反应	63
第八章	他拯救到底	73
第九章	一位中保	83
第十章	基督的荣美	93
第十一章	基督的情感	101
第十二章	温柔的朋友	113

第十三章	为何是圣灵	123
第十四章	发慈悲的父	129
第十五章	他的"自然"之工与"非常"之工	137
第十六章	耶和华,耶和华	149
第十七章	他的道路非同我们的道路	159
第十八章	恋慕的心	169
第十九章	丰富的怜悯	177
第二十章	我们喜爱律法,他却乐施厚恩	189
第二十一章	他过去爱我们,现在亦爱	197
第二十二章	爱我们到底	205
第二十三章	永远定睛他	215
经文索引		225

献给霍普[①]

（路18:16）

[①] 作者的女儿，译注。

主如慈父怜恤眷顾,

知我软弱无能力;

主以慈手温柔护佑,

救我脱离众仇敌。

——亨利·弗兰西斯·赖特(H. F. Lyte),1834年

引 言

这是一本探讨基督内心的书。他是谁?他**到底**是一位怎样的神?对他来说,什么是最自然的流露?当他走向罪人和困苦人时,他内心最直接的反应是什么?他心中最自由、最本能地流露出什么?他**是**谁?

本书是为那些灰心沮丧、疲乏无力、幻想破灭、愤世嫉俗、灵魂空虚的人而写的,也是为那些精疲力竭却须继续前行的人、那些觉得自己的生命在不断走下坡路的基督徒写的。在我们当中,也许有人这样想:"我怎么又把事情搞砸了呢?"因此,我们怀疑神对我们的忍耐正渐渐消失。有人知道神爱人,但他们觉得自己已经让神深感失望。有人虽向其他人传讲基督的爱,却仍然担心基督对自己不太满意。有人担心自己的生活已经完全毁了,再也无法挽回。有人深信自己已经永远不能为主所用。有人因突如其来的痛苦不知所措,不知如何在这令人麻木的黑暗世界里继续生活。有人审视自己的生活后只得出了这样一个结论:从根本上说,神是一个吝啬的神。

换句话说,本书是为普通的基督徒而写。简言之,它是为罪人和困苦人而写的。耶稣对他们心意如何?

这可能会引起一些人的质疑。我们这样探讨耶稣的感受是不是过于强调耶稣的人性？从另一个角度来讲，基督的心与三位一体的教义有什么关系——基督与我们的关系是否不同于我们与天父或圣灵的关系呢？或者当我们问何为基督的心时，这样问本身是否合理呢？基督的心与他的忿怒有什么关系？还有，他的心与我们在旧约中读到的神的形象是否相符？

这些问题不仅合理，更是必要的。因此，我们将带着神学关怀来解答。但在神学上最保守的做法是忠于圣经。我们只需要知道圣经就基督的心说了什么，并思考他在我们起伏不定的生活中所显明的荣耀。

但说到读圣经，我们并非第一读者，也不是最聪明的读者。纵观教会历史，神兴起了许多有独特恩赐与洞见的圣经教师，带我们其余的人进入青草地与溪水边，了解神在基督里的所是。十七世纪的英格兰和清教徒时期是一段特别的历史时期，在这期间神兴起了一批极富洞见的圣经教师。倘若我没有偶然接触到清教徒特别是托马斯·古德温（Thomas Goodwin）的作品，那么这本关于基督之心的书就不会诞生。古德温比任何人都更能让我看到，对于反复无常的罪人，基督里的神最自然、最通常的反应是什么。但古德温和本书提到的其他圣徒如薛伯斯（Sibbes）和班扬（Bunyan）一样都只是管道，而非源头。因为圣经才是源头。这些人不过是特别清晰、深刻地向我们阐明了圣经一直以来启示的神的所是。

因此，本书的策略是简单撷取几段经文或一些来自清教徒或其他人的教导，然后思考它们对神与基督之心的描述。我们将提到先知以赛亚和耶利米，使徒约翰和保罗，清教徒古德温、薛伯斯、班扬和欧文（Owen），以及其他人如爱德华兹（Edwards）、司布真（Spurgeon）和华腓德（Warfield）。我们将敞开心扉，专注于他们关于神的心与基督之心的教导。关键问题是：神是一位怎样的神？本书将采用循序渐进的方式逐章展开讨论，虽然它的论证逻辑性不强，但却从不同的角度帮助我们了解基督之心这颗璀璨的钻石。

探讨基督所做的是一回事。关于这方面，已经有许多优秀书籍，如斯托得（Stott）的《当代基督十架》（*The Cross of Christ*）[1]，或杰弗里（Jeffery）、奥维（Ovey）和塞奇（Sach）合著的《为我们的过犯被钉》（*Pierced for Our Transgressions*）[2]，麦克劳德（Macleod）的《被钉十架的基督》（*Christ Crucified*）[3]，或是巴刻（Packer）1974年的讲

---

[1] John R. W. Stott, The Cross of Christ (Downers Grove, IL: InterVarsity Press, 1986), 中译本参考约翰·斯托得《当代基督十架：在21世纪重回救赎的原点》，刘良淑译，校园书房出版社，2021年5月。

[2] Steve Jeffery, Michael Ovey, and Andrew Sach, *Pierced for Our Transgressions: Recovering the Glory of Penal Substitution* (Wheaton, IL: Crossway, 2007).

[3] Donald Macleod, *Christ Crucified: Understanding the Atonement*

章④，还有其他一些可靠的历史或当代著述。我们关注的不是基督的作为，而是基督的所是。这两方面密不可分，而且相互依存，但又彼此区分。福音不仅为我们提供律法上的赦罪——这是何等宝贵且不容置疑的真理！——它还带我们了解基督的内心。或许你已经知道基督为你而死，又从死里复活，好洗净你一切罪污；但你真的明白他对你最深的心意吗？在你的生活中你是否意识到，他不仅为你的罪做了挽回祭，而且还热切想念深陷罪中的你？

一位妻子可以说出许多有关她丈夫的事情——他的身高、他眼睛的颜色、他的饮食习惯、他受教育的程度、工作、他在家里做的各种手工活、他最好的朋友、他的爱好、迈尔斯-布格里斯性格测试（Myers-Briggs personality profile，MBTI）结果、他最喜欢的球队。不过，当他们在最喜欢的餐厅共进晚餐时，她会如何描绘他隔着餐桌的深情凝视呢？那目光能否反映出多年来他们的友情愈发深厚，虽有成千上万次交流和争吵却已安然度过，经过时间的磨砺，不管发生什么都确定要接纳彼此？那瞬间的一瞥能否表达出他无尽的爱与呵护，胜过千言万语？简单来说，她会如何描绘丈夫对自己的心呢？

描述你丈夫的言谈举止和长相是一回事，而描述他对你的

(Downers Grove, IL: InterVarsity Press, 2014).
④ J. I. Packer, "What Did the Cross Achieve? The Logic of Penal Substitution," *Tyndale Bulletin* 25 (1974): 3–45.

心则是另一回事,后者比前者更深刻、更真实。

对基督也是如此。知道道成肉身、救赎论以及许许多多其他的重要教义是一回事;而明白他对你的心则是另一回事,需要我们仔细探究。

他到底是怎样一位神?

第一章　他的心

我心里柔和谦卑。（太11:29）

我父亲为我指明了司布真的一个洞见：《马太福音》、《马可福音》、《路加福音》和《约翰福音》四部福音书中共有89章经文，但耶稣只在一处提到了他的心。

从四部福音书中，我们可以读到基督的很多教导。我们读到他的出生、他的事工、跟从他的门徒，以及他的传道行程和祷告习惯。我们发现，基督的长篇讲论会引来听众的不断反对，而这又促使他更深入地教导真理。我们也从中获悉，基督如何理解自己就是实现旧约应许的那一位。这四部福音书合在一起记载了耶稣所遭受的不公义的被捕、羞辱的死亡和令人震惊的复活。想想过去两千年来，神学家们在所有这些事上的著述早已累万盈千。

但只有一处经文提到耶稣自己向我们敞开心扉，这也许是人口中能说出的最奇妙的话语：

> 凡劳苦担重担的人，可以到我这里来，我就使你们得安息。我心里柔和谦卑，你们当负我的轭，学我的样式，这样，你们心里就必得享安息。因为我的轭是容易的，我的担子是轻省的。（太 11:28-30）[1]

在这一处经文中，神的儿子揭开面纱，让我们可以深入了解他的内心。他没有说自己"心里严厉苛刻"，没有说自己"心里高贵威严"，甚至没有说自己"心里喜乐慷慨"。耶稣用自己的话令人惊讶地宣称，他"心里柔和谦卑"。

有件事从一开始我们就要弄清楚，无论旧约还是新约，当圣经谈到心时，都不是指我们的情感，而是指驱动我们一切行为的内在生命中心。它是我们早上起床的动力，又在夜晚带我们入梦。它是我们的动力指挥中心。用圣经的话来说，心不是我们的一部分，而是我们全人的中心，关乎我们是谁。我们的心定义了我们自己，引导我们一切所行。所以，所罗门教导我

---

[1] 《马太福音》11 章 29 节是德国改教家菲利普·梅兰顿（Philip Melanchthon）最喜欢的一节经文。《纪念约翰·加尔文出生 400 年之际的演讲》，赫尔曼·巴文克（Herman Bavinck）译。John Bolt, *The Bavinck Review 1* (2010): 62.

们说:"你要保守你心,胜过保守一切,因为一生的果效,是由心发出。"(箴4:23)②心关乎人的生命。它使我们成为一个个不同的人,是我们一切行为的驱动力。它定义了我们这个人。③

当耶稣揭示自己的内心深处时,他告诉我们什么是他发出一切果效的动力,什么是他最真实的一面,我们发现深藏于他内心的是"柔和谦卑"。

谁能想象出这样一位救主呢?

"我心里柔和……"

"柔和"一词的希腊原文在新约中还另外出现过三次:天国八福中说,"**温柔**的人"将承受地土(太5:5);《马太福音》21章5节引用先知的预言(亚9:9)说,君王耶稣"来到你这里,是**温柔**的,又骑着驴";彼得对做妻子的劝勉说,唯

---

② 另一位清教徒约翰·弗拉维尔(John Flavel)用了一整篇论文来研究这节经文以及保守心的方法:*Keeping the Heart: How to Maintain Your Love for God* (Fearn, Scotland: Christian Focus, 2012).
③ 克雷格·特罗克塞尔(Craig Troxel)对圣经关于心的教导进行了很好的解读,*With All Your Heart: Orienting Your Mind, Desires, and Will toward Christ* (Wheaton, IL: Crossway, 2020).

独应当追求"里面存着长久**温柔**、安静的心为妆饰"(彼前3:4)。耶稣柔和、温柔、谦卑,他不好争竞,不严苛、不激进、不轻易发怒,他是宇宙中最通情达理的人。对他来说,最自然的姿势不是伸手指责,而是敞开怀抱。

"我心里……谦卑……"

"卑微"(lowly)与"柔和"这两个词含义有些相似,它们共同描绘出一个关于耶稣内心的事实。这个词在新约里一般译为"谦卑"(humble),例如《雅各书》4章6节说:"神阻挡骄傲的人,赐恩给**谦卑**的人。"但在整本新约中,"谦卑"一词通常不是指一种美德,而是指贫困潦倒的生活状态(这也是该词在旧约尤其是《诗篇》中的普遍用法)。例如,当马利亚怀了耶稣时,唱了一首《尊主颂》,她用这个词来形容被神高举的"卑贱的"人(路1:52)。[④]当保罗吩咐我们"不要志气高大,倒要俯就卑微的人"(罗12:16)时,他用这个词来指代那些在社会上不起眼的小人物,他们不可能在宴席中居首位,而是一出现主人往往不会在意。

说耶稣谦卑,是为了表明他是**可接近的**。尽管耶稣基督有极大的荣耀和令人瞩目的圣洁,他是至高的君王,超乎万

---

④ 在英文圣经中,这里表达"谦卑"和"卑贱"的词都是"humble",译注。

有，但在人类历史上没有人比他更容易接近。来到他面前无须任何条件，也无须跨越什么障碍。华腓德在解释《马太福音》11章29节时写道："最令他的跟随者们印象深刻的莫过于，他生平所表现出来的高贵谦卑的举止。"[5]投入耶稣怀抱的门槛很低：向他敞开心扉。这就是他所要的。事实上，这也是他唯一的工作。《马太福音》11章28节明确告诉我们谁有资格与耶稣相交："凡劳苦担重担的人。"你无须卸下重担或振作精神，就可以到耶稣面前来。正是因为你有重担，所以你可以来接近他。不需要付什么代价。"我就使你们**得**安息。"他的安息是恩赐，而非交易的结果。无论你是努力工作以求生活顺遂（"劳苦"），还是发现自己被无法掌控的事情缠累（"重担"），耶稣基督都渴望你得安息，渴望你从风暴中走出来，他甚至比你自己更渴望。

根据基督自己的见证，他心里"柔和谦卑"，这就是他的心、他的本性。温柔、敞开、热情、接纳、通情达理、甘心乐意。**如果我们只能用一个词来说明耶稣是谁，那么我们若回答"柔和谦卑"就是忠于耶稣自己的教导。**

如果耶稣拥有自己的个人网站，那么在"关于我"那一栏的下拉菜单中最显眼的一行应该是：**我心里柔和谦卑**。

---

[5] B. B. Warfield, *The Person and Work of Christ* (Oxford, UK: Benediction Classics, 2015), 140.

但他并非对所有人都柔和谦卑。唯有到他面前来、负他的轭、呼求他帮助的人,他才这样待他们。在这个应许的前文中,耶稣告诉我们他将如何对待不悔改的人:"哥拉汛哪,你有祸了!伯赛大啊,你有祸了……但我告诉你们:当审判的日子,所多玛所受的,比你还容易受呢!"(太11:21、24)"柔和谦卑"并不意味着"多愁善感、唯唯诺诺"。

但对悔改的人来说,我们的罪恶、缺点、不安、怀疑、焦虑和失败永远比不过他温柔的接纳。因为耶稣不是偶尔柔和谦卑。柔和就是他的本性,是他的心。他不能对自己的百姓不柔和,因他不能背乎自己,就像你我不能改变我们眼睛的颜色一样。

基督徒的生活总免不了劳苦(林前15:10;腓2:12-13;西1:29)。关于这一点,耶稣在《马太福音》中说得很清楚(太5:19-20;18:8-9)。而他在11章的应许是"你们心里就必得享安息",而不是"你们身体就必得安息"。然而,基督徒一切的劳作都源自与一位活的基督相交,而关于他一个超越的决定性事实就是"柔和谦卑"。他以无尽的恩慈托住我们,令我们无比惊异。唯有当我们更深地了解这种温柔的恩慈时,才能活出新约所要求的基督徒的生命。唯有当我们饱尝基督的恩慈时,才能在所到之处留下天国的馨香之气。

有一天当我们离开人世，世人会惊讶地看到，神的恩慈何其伟大，远非我们配得。

上述对恩慈的理解就出自我们正在研读的这段经文。耶稣说"我的轭是容易的"，其中"容易"一词需要我们仔细推敲。他并不是说生活没有痛苦和艰辛。这个词的希腊文在圣经其他地方也出现过，有时被翻为"恩慈"，例如《以弗所书》4章32节说："要以**恩慈**相待，存怜悯的心。"（另见罗2:4）想想耶稣到底在说什么。轭是一种放在牛身上的沉重的横杆，目的是迫使它们拖着农具穿过田地。耶稣用了一种反语的手法，说门徒所负的轭不是轭，而是一种恩慈。这样一来，谁还能拒绝呢？这就好比当你告诉一个快要淹死的人必须戴上救生圈时，但对方却语无伦次地喊着说："不！我不要！在暴风雨中溺水已经够苦的了。我最不需要救生圈这个额外的负担！"这就是我们所有人的本相，虽然嘴唇敬拜基督，却常常避免与他有深入的相交，因为我们不了解他内心如何。

他的轭是恩慈的，他的担子是轻省的。这意味着，他的轭不是枷锁，他的担子也不沉重。正如氢气能让气球升上高空，耶稣的轭也能使他的跟随者心得释放。他无尽的温柔和极易接近的谦卑，激励我们在生活中奋勇前行。他不仅在我们需要时满足我们，也住在我们里面。他总是不厌其烦地拥抱我们进入他温柔的怀抱。这就是他的心，是他每早晨服侍的动力。

但我们对耶稣基督的直觉认识却并非如此。再来看看《马太福音》11章这段经文,古时的英国牧师古德温可以帮助我们洞悉耶稣的真正意图:

> 人很容易对基督存有与事实相反的看法,但基督在这里道出了自己的性情,以免人把他想得太过严厉,也为了吸引他们更多亲近他。我们常常以为,他既然如此圣洁,自然会对罪人严厉刻薄,以致无法容忍他们。但他却说:"不,我很温柔,因我本性如此。"⑥

我们对世界运作方式的曲解也体现在对耶稣的认识上。一个人越富有,就越容易看不起穷人;一个人越漂亮,就越容易遭到丑陋之人的排斥,这些都是人性使然。我们完全没有意识到自己所行的就暗暗认定,一个如此崇高尊贵的人要接近卑劣污秽之徒会有相当的难度。当然,耶稣会来找我们,这一点我们都认同,但我们会以为他是捏着鼻子来的。毕竟,这位复活的基督,"神将他升为至高",有一天万有都要因他的名无不

---

⑥ Thomas Goodwin, *The Heart of Christ* (Edinburgh: Banner of Truth, 2011), 63.

屈膝跪拜（腓2:9-11）。他的眼目"如同火焰"，声音"如同众水的声音"，口中吐出"一把两刃的利剑"，面貌"如同烈日放光"（启1:14-16）；换句话说，他的荣耀无法形容，他的辉煌不可名状，在他面前，人的所有语言都失去了功用。

在**这位**基督的内心深处，最重要的特质是柔和与谦卑。

古德温的意思是，这位崇高圣洁的基督在伸手摸污秽的罪人和麻木的困苦人时不会厌烦。因为他喜悦这样接纳他们。他不忍退缩。我们很自然地以为，耶稣摸我们时就像一个小男孩第一次伸手摸鼻涕虫一样——皱着眉头，小心地伸出一只手，一碰到就厌恶地尖叫起来，然后立即把手缩了回去。在我们的想象中，这位复活基督就是这样"严厉刻薄"地向我们走来，古德温描述的正是这种错误的认识。

这就是我们需要读经的原因。在我们的天然直觉中，神与我们没什么两样。但圣经所启示的神颠覆了我们的直觉偏好，他那与无限完美相称的无限温柔令人震惊。事实上，他的完美**包括**他完全的温柔。

这就是他的本性，是他的心。耶稣自己也说：

> 凡劳苦担重担的人，可以到我这里来，我就使你们得安息。我心里柔和谦卑，你们当负我的轭，学我的样式，这样，你们心里就必得享安息。因为我的轭是容易的，我的担子是轻省的。

第二章　他的心发出果效

就怜悯他们。（太14:14）

我们已经知道，耶稣在四福音中一次又一次用行动证明了他在《马太福音》11章29节的宣告。他心如何，就如何行事。他没有其他的行事方式。他的生活反映了他的心。

- 当麻风病人说"主若肯，必能叫我洁净了"时，耶稣立刻伸手摸他说："我肯，你洁净了吧！"（太8:2-3）。在麻风病人的请求和耶稣的回答中，"肯"这个词的希腊文有"想要"或"渴望"之意。那个麻风病人问的是耶稣最深的渴望，而耶稣通过医治表达了自己的渴望。
- 当一群人把他们的瘫子朋友带到耶稣面前时，耶稣甚至不问他们要什么就直接安慰他们——"耶稣见他们的信心，就对瘫子说：'小子，放心吧！你的罪赦了。'"（太9:2）还没等他们开口求助，耶稣就说出一连串安慰人的话。

- 当耶稣走遍各城各乡时，"他看见许多的人，就怜悯他们，因为他们困苦流离"（太9:36）。所以，他教训他们，又医治各样的病症（太9:35）。只因看到众人的无助，他的怜悯之情油然而生。

- 在基督的事工中，他曾多次出于怜悯医治病人（"就怜悯他们，治好了他们的病人"（太14:14）），喂饱饥饿的人（"我怜悯这众人，因为他们同我在这里已经三天，也没有吃的了"（太15:32）），教训众人〔"就怜悯他们……于是开口教导他们许多真理"（可6:34）〕，擦去失亲之人的眼泪〔就怜悯她，对她说："不要哭！"（路7:13）〕。所有这些经文中的"怜悯"都是同一个希腊词，字面意思是指人的肠子或内脏——这是古时的一种说法，指人内心深处涌现出的东西。这种怜悯反映了基督的内心。

- 从福音书我们得知，耶稣曾经两次情不自禁地哭泣。但他不是为自己或自己的痛苦，而是为别人——一次是为耶路撒冷哀哭（路19:41），另一次是为他死去的朋友拉撒路哭泣（约11:35）。他心中最深的痛苦是什么？是别人的痛苦。是什么牵动他心、让他流泪？是别人的眼泪。

- 那些道德败坏的、被社会唾弃的、不可原谅的、不配有的人，不仅一次又一次得到基督的怜悯，而且也极其自然地被基督吸引。根据基督敌人的见证，他是"罪人的朋友"（路7:34）。

当我们把福音书作为一个整体来思考耶稣的所是时，最突出的是什么？

是的，他应验了旧约时代人们的盼望和渴求（太5:17）。是的，他如此圣洁，甚至让他的朋友因意识到自己的罪而恐惧仆倒（路5:8）。是的，他是一位伟大的教师，他的权柄甚至超过了当时的文士（可1:22）。上述内容若是缺少一个，就会偏离重要的历史正统观念。但读完福音书后，我们耳边回响的主旋律也是这些描述中最生动、最引人注目的部分是神的圣子如何靠近、触摸、治愈、拥抱和饶恕那些最不配却又真心渴望的人。

清教徒理查德·薛伯斯是这样说的："当（基督）看到百姓受苦时，就热切地想念他们；基督里的恩典和怜悯之工，是他心发出的果效。"也就是说，"无论基督做了什么……都是出于爱、恩典和怜悯。"但薛伯斯又进一步说道："他这样做是发自内心的。"①福音书告诉我们，耶稣不只有爱，而且他自己就是爱；他心里涌流出怜悯之情，犹如太阳发出耀眼的光芒。

但耶稣严厉的一面呢？

巴刻曾经写道："半真半假的东西若伪装成完全的真理，就成了完全的谎言。"②当我们谈论圣经中的基督时，要特别注意这个问题。教会历史上的异端邪说并非彻底颠覆了圣经对耶稣的描述，它们只是断章取义而已。早期教会关于基督论的那些错谬几乎认同所有的基本教义，但只在一个教义上产生了偏差——有的忽视基督完全的人性，有的忽视基督完全的神性。若我们谈论基督的心却忽略他的忿怒，这是不是会带来同样的危险呢？

也许对我们中的许多人来说，这种危险比彻头彻尾的异端邪说更不易觉察。我们的神学观点可能完全合乎正统，但出于各种原因，我们更关注耶稣的一面而忽略其他。在我们中间，有些人可能是在一个规则重重的环境中长大的，那种没完没了的不合标准的感觉常常令他们窒息，因此基督的恩典和怜悯特别吸引他们；有些人可能是在一个混乱无序的环境中长大的，

---

① Richard Sibbes, *The Church's Riches by Christ's Poverty*, in *The Works of Richard Sibbes*, ed. A. B. Grosart, 7 vols. (Edinburgh: Banner of Truth, 1983), 4:523.

② J. I. Packer, *A Quest for Godliness: The Puritan Vision of the Christian Life* (Wheaton, IL: Crossway, 1990), 126.

而基督的命令所体现的受道德约束的生活方式和秩序可能特别吸引他们。还有一些人遭受了本应保护他们之人的虐待，因此他们渴望天国的公义和地狱的刑罚来纠正所有错误。

当我们专注于基督内心的情感时，当如何确保自己对神最终的旨意有一个健全的理解，并对基督的所是有一个全面而平衡的认识呢？

这里我们需要给出三点说明。首先，基督的忿怒和怜悯并不像跷跷板的两端那样彼此对立，好像贬抑一方就等于抬高另一方。相反，两者是共生的关系。一个人越能认识到基督对我们周围和我们内心一切罪恶的义怒，就越能深刻感受到他的怜悯。

其次，具体谈到基督的心（以及旧约中耶和华的心）时，我们不是指他怜悯和发怒的行为。他的心就是**他的心**。因此，我们不是在论述他众多属性中的某一个。我们是在问他内心深处是什么？他最自然地流露出什么？

第三，我们只是想探究圣经如何见证了基督对罪人和困苦人的慈心。换言之，圣经对基督的描绘若显得有些不平衡，那我们也要相应地调整。与其人为地"平衡"，不如遵循圣经。

在接下来的学习中，我们将回到这个问题上来，即如何将基督的心与他的作为或圣经中那些似乎与之格格不入的论述调和。但以上三点我们必须始终牢记。简言之：**基督的慈心无论**

再怎样赞美、渲染和夸大都不为过。他的心无法测度,但却容易被人忽视和遗忘。我们从中汲取的力量实在太少了!当我们谈论耶稣的心时,并没有忽略他严厉的一面。我们唯一的目标是遵循圣经的见证,深入探究耶稣那令人惊讶的本性。

如果耶稣的作为反映了他的本性,那么我们必然会得出一个结论:他要来拯救的堕落世界,对他而言有着难以抗拒的吸引力。

这比说耶稣是慈爱、怜悯或恩典的神要深刻得多。四福音共同见证了当耶稣基督看到周围的堕落世界时,他内心最深的驱动力,他最自然的本能是接近罪人和困苦人,而非远离他们。

我们可以以旧约关于洁净与不洁净分类为背景来理解这一点。在圣经中,这种分类一般不是根据身体的卫生情况,而是根据道德的洁净程度。两者不能完全分开,但圣经主要指道德或伦理的洁净。这一点很明显,因为解决不洁的方法不是洗澡,而是献祭(利5:6)。问题不在于污垢,而在于罪(利5:3)。因此,旧约时代的犹太人在一种复杂的洁净制度下,通过各种各样的祭物和仪式重新在道德上变洁净。这一制度中有一个特别值得注意的地方,当不洁的人与洁净的人接触时,这个洁净的人就成了不洁的。这说明道德的败坏具有传染性。

想想耶稣。根据《利未记》的分类,他是地上有史以来最洁净的人,因为他就是那位至圣者。我们这些人天生就是不洁和堕落的，无论什么恐怖之事若让我们感到厌恶，也一定会让耶稣更加厌恶。我们无法理解他心思意念中那种完全的纯净、圣洁、洁净。他纯全良善、毫无瑕疵，且是可喜爱的。

那么当他看见不洁的人时，是怎么做的呢？当他遇到妓女和麻风病人时，他的第一反应是什么？他走向他们。他满心同情，渴望真正地怜悯他们。他陪伴他们，触摸他们。我们都能见证，他的触摸充满恩慈。温暖的拥抱胜过友好的问候。但基督怜悯的触摸还有更深层的意义，他推翻了犹太人的洁净制度。当耶稣这位至圣者摸了不洁的罪人时，他并没有变得不洁，但那个罪人却洁净了。

耶稣基督在地上的事工之一就是恢复了不配罪人的人性。我们常常觉得，福音书中的神迹是神对自然秩序的干预。但是德国神学家于尔根·莫尔特曼（Jürgen Moltmann）却指出，神迹不是神对自然秩序的干预，而是恢复。我们已经习惯了堕落的世界，以致对疾病、病痛、痛苦和死亡习以为常，但其实**它们**才是对自然秩序的干预。

> 当耶稣赶鬼医病时，他是在将毁灭的力量赶出受造界，并且医治那些受伤和生病的受造之人，使他们身体复原。医治见证了神的至高主权，使受造之人恢复健康。耶稣的医治并非自然界中的超自然神迹。在一个不正常、受鬼魔辖制、伤痕累累的世

界里，它们才是唯一真正"自然"的事。③

耶稣在世上行走，复兴没有人性的人，洁净不洁净的人。为什么？因为他于心不忍。所到之处，他无不感到悲伤。所以，无论他走到哪里，当他面对那些痛苦和渴望的人时，他就怜悯他们，使他们得洁净。古德温说："基督就是披着肉身的爱。"④想象一下。在美国科幻电影《复制娇妻》（the Stepford Wives）或《终结者》（the Terminator）中，把那些主角的身体剥开，你会看到机器；而剥开基督的肉身，你会发现爱。⑤

如果怜悯化成人形行走于世间，会是什么样子？答案显而易见，我们不必怀疑。

但这是他在地上生活的时候。那今天呢？

---

③ Jürgen Moltmann, *The Way of Jesus Christ: Christology in Messianic Dimensions*, trans. M. Kohl (Minneapolis: Fortress, 1993), 98. Similarly Graeme Goldsworthy, *The Son of God and the New Creation*, Short Studies in Biblical Theology (Wheaton, IL: Crossway, 2015), 43.
④ Thomas Goodwin, *The Heart of Christ* (Edinburgh: Banner of Truth, 2011), 61.
⑤ 《复制娇妻》或《终结者》都是美国科幻电影，其中的主角都是具有人类外表的机器人——译注。

这让我们想起新约的话："耶稣基督昨日今日一直到永远，是一样的。"（来13:8）那位曾在拉撒路墓前哭泣的基督，今天也与我们一同在孤独绝望中哭泣。当我们遭人误解和排挤时，那位曾伸手摸麻风病人的主也会伸手拥抱我们。耶稣伸手洁净污秽的罪人，进入我们的灵魂深处，用他大能的、不可抗拒的洁净来回应我们不诚心的祈求，帮助那些不能靠自己得洁净的人。

换言之，尽管基督现在在天上，但他距离我们并不遥远，因为他做这一切是靠自己的灵。我们将在第十三章集中讨论基督的心与圣灵的关系。现在我们只需要知道，基督借着圣灵不但触摸我们，而且还住在我们里面。新约教导说，我们与基督的联合如此紧密，以至于无论哪个肢体做了什么，都可以说是基督的身体做的（林前6:15-16）。**耶稣基督今天跟你的关系，比他在地上服侍罪人和困苦人时更近**。基督借着他的灵全心拥抱他的子民，比任何身体的拥抱更近更紧。他道成肉身在地上所行的，是他内心发出的果效；现在，他向我们也是这样行，因为**我们**是他的身体。

第三章 基督的喜乐

他因那摆在前面的喜乐……（来12:2）

古德温写道，基督"自己的喜乐、安慰、幸福和荣耀因……而增长。"

现在，你会怎么补全这句话？

圣经对这个问题的回答不止一种，但我们应该警惕对基督的片面描述，即强调一面而忽略其他。可以说，当门徒舍弃一切来跟随耶稣时，他当然喜悦（可10:21-23）。我们还可以看到，信徒若在不多的事上有忠心而预备管理许多的事，基督就很喜悦（太25:21，23）。我们还可以肯定，当父把真理向聪明通达的人隐藏起来而向婴孩就显出来时，他也是这样欢喜快乐（路10:21）。

但是，在我们对基督的认识中，还有一个圣经真理更容易被忽视。基督徒的直觉是，我们若听从并顺服基督就会蒙他悦纳。但你有没有想过当我们因着软弱和失败来找他也会让他欢喜快乐呢？

古德温是这样完成他那句话的："基督自己的喜乐、安慰、幸福和荣耀，因他赦免、拯救和安慰他在地上的肢体所显出的恩典与怜悯而增长。"①

一位富有同情心的医生进入丛林深处，为一个饱受传染病折磨的原始部落提供医疗服务。他已经让人把医疗设备空运过来了。他的诊断正确无误，也准备好了抗生素。他经济独立、生活富有，不需要任何形式的报酬。但当他试图治疗时，病人却拒绝了。他们想自己照顾自己，想按自己的方式治疗。最后，几个勇敢的年轻人走上前来接受了免费治疗。

这位医生会有什么感受？

喜乐。

当病人来寻求帮助和治疗时，他就越发喜乐。因为这是他

---

① Thomas Goodwin, *The Heart of Christ* (Edinburgh: Banner of Truth, 2011), 107. 同样地，薛伯斯说："我们若乐意接受基督的供应，那么没有什么比这更讨他喜悦的了。他的丰盛恩典是他的荣耀。" Richard Sibbes, *Bowels Opened, Or, A Discovery of the Near and Dear Love, Union, and Communion Between Christ and the Church*, in The Works of Richard Sibbes, ed. A. B. Grosart, 7 vols. (repr., Edinburgh: Banner of Truth, 1983), 2:34.

来的唯一原因。

如果病人不是陌生人而是他自己的家人，他岂不是更加喜乐？

我们会这样想，基督也会这样想。当我们带着痛苦、需要和空虚求他再次赦免和饶恕时，他不会心烦意乱或者懊恼沮丧。因为这是他来的全部意义，也是他医治的目的。他经历了死亡的恐怖，三天后复活，为要赐给他的子民无尽的怜悯和恩典。

但古德温在这里提出了一个更深层的观点。耶稣盼望我们倚靠他的恩典和怜悯，不仅因为他的救赎之工正确无误，还因为这就是他的本性。他道成肉身接近我们，好与我们一同喜乐——他因施恩喜乐，我们因受恩喜乐。古德温甚至进一步论道，当我们向基督寻求帮助和怜悯时，**他会比我们更喜乐，也更得安慰。**正如妻子得了医治时，爱她的丈夫比自己得了医治还受安慰。当基督看到他的宝血涂抹了我们的罪时，他"自己比我们更得安慰"。[2]基督是我们在天上的中保，意味着他除去了我们与神相交的一切障碍。在思考这一切时，古德温写道：

> 基督的子民因他的死受益越多，他的荣耀和喜悦就越发加增；所以当他们罪得赦免、更加圣洁、心得

---

[2] Goodwin, *Heart of Christ*, 108.

安慰时，他看到自己劳碌的果效，便得了安慰，而他因着这一切所行的就越发得着荣耀。是的，他比他们自己更加欢喜快乐。而他因着这喜乐又继续看顾和深爱着他地上的儿女们，并时刻用圣灵浇灌他们、更新他们。③

这句话我们可以这样理解：当你因着痛苦、疑惑和罪恶到基督面前寻求怜悯、爱和帮助时，你就是在顺着他内心最深的渴望而行，而不是相反。

我们倾向于认为，当我们在需要时寻求耶稣的帮助、在罪中寻求怜悯时，是在某种程度上是分散他的精力，是消耗他的能力。但古德温却不这么认为。耶稣令人惊讶之处在于，他"施恩的作为，而且他常常向百姓行善……以完全的怜悯、恩典、安慰和福乐充满他们，因此他自己也变得更加完全。"④

---

③ Goodwin, *Heart of Christ*, 111-12.
④ Goodwin, *Heart of Christ*, 111. 福乐（Felicity）是幸福（happiness）的一个古老的说法。而另一位老牧者的话更令人动容："如果你遇到那个用矛刺我肋旁的可怜人，请告诉他还有别的办法，一个更好的办法，可以刺痛我心，如果他愿意仰望那个他刺的人并且哀伤痛悔的话。我将他放在心上，不管他是不是刺伤过我；而他会发现我所流出的宝血成为了他的赎罪祭。替我转告他，如果他拒绝了我宝血的赎罪祭，我会更加痛苦和难过，比他起初刺我时更甚。" Benjamin Grosvenor, "Grace to the Chief of Sinners," in *A Series of Tracts on the Doctrines, Order, and Polity of the Presbyterian Church in the United States of America*, vol. 3 (Philadelphia: Presbyterian Board of Publication, , 1845), 42-43. 感谢杜鲁·亨特（Drew Hunter），是他让我注意到这段引文。

第三章 基督的喜乐

基督作为真神，再完全不过了；他与天父一样拥有永远长存、不见朽坏的丰富。然而作为真正的人，基督并没有因为我们呼求他而心力憔悴，相反，他因我们到他身边来心得满足。

换言之，若我们躲在阴影、恐惧和失败里犹疑不前，那么我们不仅错过了自己得安慰的机会，也错过了基督得安慰的机会。他正是为此而活。这是他喜悦做的事。他因我们的喜乐而喜乐。

但这种观点合乎圣经吗？

思考《希伯来书》12章。在那里，耶稣被称为"为我们信心创始成终的，他因那摆在前面的喜乐，就轻看羞辱，忍受了十字架的苦难，便坐在神宝座的右边。"（来12:2）

"因……喜乐。"什么喜乐？在十字架另一边等着耶稣的是什么？

是看到他子民罪得赦免的喜乐。

还记得《希伯来书》的核心内容吗？耶稣是终结了所有人间祭司的大祭司，成了最后的赎罪祭，完全代替他百姓的罪，为要拯救他们"到底"（7:25）。此外，作者在《希伯来书》12章2节结尾处提到耶稣坐在神右边的意义，对此他在这卷书的其他地方给出了明确解释：

> 他洗净了人的罪，就**坐在**高天至大者的**右边**。

（1:3，粗体为本书作者所加，下同）

> 我们所讲的事，其中第一要紧的，就是我们有这样的大祭司，已经坐在天上至大者宝座的**右边**。（8:1）
>
> 但基督献了一次永远的赎罪祭，就在神的**右边**坐下了。（10:12）

在上述经文中，耶稣坐在神的右边与他作为祭司的赎罪工作有关。这位大祭司是神和人之间的中保，使天地重新合而为一。为此，他献上自己成为永远的赎罪祭，彻底洁净了他的子民，洗净他们的罪。他满心欢喜地期待看到他的子民永远洁净，甘愿为此经历了被捕、死亡、埋葬和复活。今天，当我们参与基督的救赎之工，到他面前寻求赦免，虽有罪却仍可与他相交时，我们就明白了基督心里最深的渴望和喜乐。

与此有关的还有新约的其他几处经文，例如一个罪人悔改时，天上也要为此欢喜（路15:7）；或者当门徒住在他的爱里时，他渴望自己的喜乐成为他们的喜乐（约15:11；17:13）。他盼望我们从他的爱中汲取力量，但只限于那些需要这不配得之爱的罪人。他不只想要赦免我们的罪，他想要的是**我们这个人**。耶稣是如何谈论自己最深的渴望的？他是这样说的："父啊，我在哪里，愿你所赐给我的人也同我在那里。"（约17:24）

第三章 基督的喜乐

这里,我们要谨防那种不信的恶心。不顾一切地接受基督的怜悯,难道不是狂妄自大、厚颜无耻的行为吗?难道我们不应该有所权衡、保持理性,小心不要给他太大压力吗?

当孩子窒息时,他的父亲难道会希望他有节制、合理地吸氧吗?

问题在于,当圣经说我们是基督的身体时,我们并没有把它当回事。基督是头;我们是他身上的肢体。头会怎么对待自己的身体?使徒保罗告诉我们"保养顾惜"(弗5:29)。接着保罗将这个比喻明确地与基督联系起来:"正像基督待教会一样,因我们是他身上的肢体。"(5:29-30)。我们如何护理身体上受伤的部位呢?细心调养,包扎呵护,花时间让伤口愈合。因为那个部位不是一个亲密的朋友,而是我们的一部分。基督对信徒也是如此。我们是他的一部分,是他的身体。因此,复活的基督向一个逼迫他子民的人问道:"你为什么逼迫我?"(徒9:4)

当你从基督丰富的救赎大工中得着益处时,耶稣也会心得安慰,因为他自己的身体也得了完全。

第四章　能体恤我们

我们的大祭司并非不能体恤我们的软弱。（来4:15）

清教徒的写作方式乃是这样，挑出一节经文细细品味，并找出其中所有感人至深的神学观点，再写上两三百页的内容，然后把自己的思考寄给出版社。古德温的这本《基督的心》（*The Heart of Christ*）也是这样。他研读的经文是《希伯来书》4章15节：

> 因我们的大祭司并非不能体恤我们的软弱，他也曾凡事受过试探，与我们一样，只是他没有犯罪。

古德温的负担是让那些灰心沮丧的信徒相信，纵使基督现在已经在天上，但他仍会敞开怀抱，温柔接纳罪人和困苦人，一如他在地上时那样。这本书在1651年出版时的扉页就反映了这一点。请注意"CHRIST in HEAVEN"(天上的基督)和"SINNERS on EARTH"(地上的罪人)二者的对称排列方式:

> # THE
> # HEART
> ## OF
> ## Christ in Heaven,
> *Towards*
> SINNERS on Earth.
> ## OR,
> # A TREATISE
> *DEMONSTRATING*
> The gracious Disposition and tender Affection of *Christ* in his Humane Nature now in Glory, unto his Members under all sorts of Infirmities, either of *Sin* or *Misery*.
>
> By THO: GOODWIN, B.D.

古德温在结语中阐明,基督的心就是指基督**"恩慈的性情和温柔的情感"**。他希望读者能惊讶地看到,圣经证明,那位复活的主如今在天上很好,和他在地上时一样容易接近,也一样心存怜悯。

在引言之后,古德温解释了为什么他选择《希伯来书》4章15节来探讨这一观点:

第四章 能体恤我们

　　我之所以选择这句经文，是因为它最能表达出基督的内心，并且阐释了基督对罪人的态度和工作方式；而且它是如此的形象，似乎是在将我们的手放在基督的胸前，让我们感受基督的心跳及他对我们的牵挂，纵使他如今已在荣耀里。这段经文显然是借着思考如今在天上的基督对信徒的心，[①]来勉励他们抵挡一切可能的拦阻。

　　如果有个朋友将我们的双手放在复活的主耶稣基督胸前，就如听诊器能让我们听到人体强有力的心跳，我们的手也让我们感受到基督至深的情感和渴望，那会是怎样的？古德温的意思是：我们可以确定，《希伯来书》4章15节就是那个朋友。

　　《希伯来书》4章15节的上下文十分耐人寻味，它是这样的：

　　我们既然有一位已经升入高天尊荣的大祭司，就是神的儿子耶稣，便当持定所承认的道。**因我们的大**

---

① Thomas Goodwin, *The Heart of Christ* (Edinburgh: Banner of Truth, 2011), 48.

> **祭司并非不能体恤我们的软弱,他也曾凡事受过试探,与我们一样,只是他没有犯罪。**所以我们只管坦然无惧的来到施恩的宝座前,为要得怜恤,蒙恩惠,作随时的帮助。(来4:14-16)

14节和16节各包含一个劝勉:持守神的教义("当持定所承认的道",14节)和凭信与神相交("所以我们只管坦然无惧",16节)。15节(上述经文中的粗体字部分)开头的"因"表明15节是14节的原因。而16节开头的"所以"表明了15节也是16节的原因。换句话说,15节是这段经文的钥节,它的上下文是为了阐明它的含义。

这段钥节的主旨是耶稣基督与他的百姓完全**休戚与共**。我们所有的天然直觉都告诉我们,当生活平顺时,耶稣与我们同在,扶持我们,帮助我们。但这节经文的意思正相反,因着"我们的软弱",耶稣体恤我们。这里"体恤"一词的原文是一个合成词,由表示"一同"的前缀(with)和表"**受苦**"的动词(to suffer)组成。"体恤"不是指那种冷漠的、事不关己的同情,而是指一种能感同身受的共情,在我们自己的生活中,只有父母对孩子之间才会有那样亲密的关系。事实上,"体恤"甚至比"同情"更深刻。我们痛苦,耶稣也感到痛苦;我们遭难,耶稣也感同身受,尽管他自己并没有遭难——这倒不是说他那不可动摇的神性受到影响,而是说他心里切切想念困苦中的我们。他的人性使他能完全体会我们所受的苦楚。②当他看见自己的百姓受苦时,他无法抑制住自己不去爱他们。

《希伯来书》的作者牵着我们的手,带我们洞悉基督的内心,向我们展示了耶稣对他百姓无限的扶持。作者在这卷书第2章中说,耶稣"凡事该与他的弟兄相同",而且"他自己既然被试探而受苦"(这里的"试探"一词与4章15节中的"试探"在原文中是同一个词)。

然而,《希伯来书》4章15节真正令人震惊的是,我们得知耶稣为何能如此体恤他受苦的百姓并与他们同在的原因。那就是,他也曾"受过试探,与我们一样"——不仅如此,他还"凡事"受试探,与我们一样。耶稣之所以能如此强烈地和我们有共鸣,是因为我们所经历的患难困苦并不是唯独我们才有,他自己也曾经历过。耶稣不仅可以拯救我们脱离困境,如同医生开药治病一样,而且在救援到来之前他还与我们同在,就好像医生也得了病人的病。

耶稣不是宙斯。他是一个无罪的人,但不是一个无罪的超人。他从床上醒来后也会蓬头垢面。他十三岁的时候也有青春痘。他永远不可能出现在《男性健康》(*Men's Health*)杂

---

② 关于基督的人性(有别于他的神性),特别是基督在子民受苦时和他们休戚与共这一点,请参见 John Owen, *An Exposition of the Epistle to the Hebrews, in The Works of John Owen,* vol. 25, ed. W. H. Goold (repr., Edinburgh: Banner of Truth, 1965), 416-28.

志的封面上("他……无美貌使我们羡慕他",赛53:2)。他以普通人的身份来到世上,为要拯救许多普通人。他深知干渴、饥饿、藐视、弃绝、嘲笑、侮辱、羞辱、误解、诬告、窒息、折磨以及被杀的滋味。他也饱尝孤独的煎熬。在他最需要朋友的时候,他的朋友抛弃了他;假如他生活在今天,在他33岁那年,他所有的推特粉丝和脸书好友都取消了与他的好友关系——但他永远不会取消与我们的好友关系。

理解《希伯来书》4章15节的关键在于,理解"凡事"和"没有犯罪"这两个词。我们所有的软弱——事实上,我们生命中的一切——都被罪玷污了。如果罪是蓝色的,那么我们的所言所行就不是偶尔变蓝;我们一切的言语、思想和行为都被染成蓝色。然而耶稣却不是这样。他没有犯罪,而且他"圣洁、无邪恶、无玷污、远离罪人"(来7:26-27)。但我们必须仔细思想"凡事"一词,在坚持耶稣无罪的同时又不削弱这个词的含义。那诱惑人的试探、那痛苦的试炼、那令人困惑的迷茫——耶稣都曾经历过。事实上,他的纯全良善意味着,他所感受到的痛苦比我们这些罪人所能感受到的要强烈很多。

想想你自己的生活。

当人际关系恶化,当虚空感如洪水般袭来,当我们感觉岁

第四章　能体恤我们

月飞逝,当唯一的机会从指尖溜走,当我们心绪不宁,当老友让我们失望,当家人背叛我们,当我们遭人误解,当我们被大人物嘲笑时——简言之,当这个堕落的世界向我们逼近,让我们只想认输时——在那里,就在那里,我们有一位良友,他完全明白这些试炼是何滋味,他坐在我们旁边,拥抱我们。他和我们在一起,与我们休戚与共。

我们常常觉得,生活越艰难,我们就越孤独。当我们在痛苦中越陷越深时,这种孤独感会越来越强烈。但圣经教导我们说,我们的痛苦永远不会超过他自己曾经承受的。我们从来都不孤独。那种令人感到孤独的、不寻常的痛苦,他过去也曾经历过,如今他正与我们一同担当。

第14节告诉我们,耶稣已经升天了。但是这并不意味着他对我们的痛苦置身事外、漠不关心。古德温说:"第15节告诉我们,对那些经历各样软弱的罪人,基督内心充满爱意,也很容易受触动。"③看到我们受苦,基督心里会产生一种我们所不知道的深切情感。

但我们的罪呢?我们是否应该沮丧,基督无法在罪带来的愧疚和耻辱中,在那最深的痛苦中与我们同在?答案是否定的,原因有二。

首先,耶稣无罪意味着他比我们自己更了解何为试探。C.S.路易斯在谈到一个逆风行走的人时阐明了这一点。一旦试

---

③　Goodwin, *Heart of Christ*, 50.

探之风足够强烈，这人就会倒下，甚至放弃——因此他不知道在逆风中坚持十分钟会怎样。耶稣永远不会倒下；他忍受了我们所有的试探和试炼，从不放弃。因此，他比我们任何人都更了解试探的力量。只有他真正知道抵挡这试探的代价。④

其次，我们唯一的盼望在于，担当我们所有痛苦的那位神是纯全圣洁的。我们那位无罪的大祭司不需要被拯救，他是来拯救我们的。因此，我们可以到他那里"得怜恤，蒙恩惠"（来4:16）。他自己没有和我们一起深陷罪中；唯有他可以救我们脱罪。他的无罪就是我们的救赎。不过，在这里我们开始转向基督的工作。《希伯来书》4章15节的核心及古德温对这节经文的理解，都指向基督的心。16节说到"施恩的宝座"，但15节让我们看到恩典的心。唯有他能救我们脱离罪的深坑，也唯有他愿意进前来背负我们的重担。耶稣能体恤我们，他与我们"一同受苦"。与古德温同时代的约翰·欧文说，基督"发自内心地想要……帮助和拯救我们……而且在我们经受苦难和试炼时，他心里深受触动，因而对我们的遭遇感同身受。"⑤

如果你在基督里，你就会有一位良友，而且在你伤痛之

---

④ C.S.路易斯，《返璞归真》（上海，华东师范大学出版社，汪咏梅译，2013年12月第2版）。

⑤ John Owen, *An Exposition of the Epistle to the Hebrews, in The Works of John Owen*, vol. 21, ed. W. H. Goold (repr., Edinburgh: Banner of Truth, 1968), 422.

时，他绝不是居高临下为你打气。他必不会置身事外。什么也不能阻挡他。他与你心心相连。

第五章　温柔体谅

他能体谅那愚蒙的和失迷的人。（来5:2）

在古以色列，君王在百姓面前代表神，而祭司则在神面前代表百姓。君王有治理百姓的权柄；祭司则有与百姓休戚与共的资格。《希伯来书》告诉我们，耶稣是我们的大祭司、真正的祭司，其他所有人间的祭司都是影儿，都指向他。

以色列的祭司们自己也是有罪的。因此，他们献祭不仅为百姓，也为了自己。以色列的祭司不仅是罪人，而且他们也一直犯罪。一些古代祭司真可谓旧约最十恶不赦的罪人——比如何弗尼和非尼哈（撒上1-4）。今天的我们和以色列人一样，都需要祭司。我们需要有人在神面前代表自己。但古时的祭司有时候是那么让人失望、那么邪恶和刻薄。

但如果我们的祭司能了解我们的软弱，因此他能深深同情我们，但他自己从未犯罪，因此他从不会自怨自怜——这样的祭司才能真正地温柔体谅我们。

在上一章我们探讨了《希伯来书》4章末尾的经文,而《希伯来书》5章延续了第4章的思路。上一章中,我们思考了基督心里切切想念他的子民,在他们的痛苦和患难中与他们休戚与共。现在借着《希伯来书》5章2节,我们来思考一个更深层的真理——他如何对待那些他想念的人。在4章15节中我们看到了**何为**基督的祭司角色,而在5章2节中我们将看到他是**如何做**的。

那么,他是**如何做**的呢?

温柔体谅。

5章2节中的"体谅"和4章15节中的"体恤"的希腊文词根相同,而《希伯来书》最初的读者很可能注意到了这一点,但它在英译本圣经中却没有体现。此外,我们还发现这两节经文都用到了一个希腊动词"*dunamai*",甚至用了同样的动词形式;①而且两节经文中都有"软弱"一词(我们会在本章最后来讨论)。我将这两个词组的字面意思列举如下,这样你会

---

① 根据作者所参考的英译本圣经,4章15节中的"*dunamai*"译为"able to",而5章2节中的"*dunamai*"译为"can",因此英语读者们不太容易看到这一点。而在和合本圣经中,两处都译为"能",译注。

第五章 温柔体谅

与最初的读者有同感:

> 4:15 *dunamenon sunpathesai tois* ("能体恤")
> 5:2 *metriopathein dunamenon tois* ("能体谅")

请注意，这两个词组中都有"*dunamenon*"一词（能），意为"有能力做某事的人"，而且两节经文中关键动词的词根（*pathein*）相同（我已经划线标注了）。在前一章中我们注意到，"*sunpathesai*"意为基督与我们休戚与共，"一同受苦"。你可以看到这个希腊词在英语中被译为"sympathy"（同情），但它的含义远比我们所理解的"sympathy"更丰富。在5章2节中，当作者继续阐述耶稣如何成为我们的大祭司时，我们看到了"*metriopathein*"一词。这个词在新约中只出现过这一次，意思是"体谅"。"*metrio-*"这个前缀有克制、温和之意，而词根"*patheo*"指的是苦难、患难。因此，5章2节的意思是，当耶稣与罪人接触时，他不会手足无措。他安静、柔和、宽厚、克制。他温柔地体谅我们。

他会"体谅"谁呢？一定是那些错不严重、罪行尚可的人——但那些罪大恶极的人呢？他对他们会更严厉吗？

细读经文后，我们无法得出上述结论。"他能体谅那愚蒙的和失迷的人。"愚蒙和失迷不是那种有别于重大罪行的轻微罪行。作者用这种方式泛指所有的人。在旧约中——还记得吗？这封写给希伯来人的信是多么丰富、广泛地取材于旧约——我们发现大致有两种罪：无意的过犯或故意犯的罪；或者如《民数记》15章所说，误犯的和"擅敢行事的"罪（民15:27-31）。因此，我们几乎可以肯定《希伯来书》作者真正想说的是，"愚蒙"指的是无心之罪，"失迷"指的是故意犯罪。

换句话说，当《希伯来书》5章2节说耶稣"能体谅那愚蒙的和失迷的人"时，其重点在于，耶稣能温柔对待所有到他面前来的罪人，而且他只会如此，不管他们的罪多么严重、多么令人发指。[2]令耶稣心生柔情的不是我们犯罪的严重程度，而是罪人到他面前来。不管我们犯了什么罪，他都会温柔地体谅我们。如果我们从不到他面前来，就必受到严厉的审判，好像一把两刃的利剑从他口里出来击杀我们（启1:16，2:12，19:15、21）。但如果我们真的寻求他面，那么他对我们狮子般的审判有多严厉，他对我们羔羊般的温柔就有多深沉（启5:5-6；赛40:10-11）。我们要么面对他的审判，要么面对他的温柔，因他不会对任何人保持中立。

---

[2] 欧文论证了这一观点，他的笔触极其优美，请参见：John Owen, *An Exposition of the Epistle to the Hebrews*, in *The Works of John Owen*, vol. 21, ed. W. H. Goold (repr., Edinburgh: Banner of Truth, 1968), 457–61.

第五章 温柔体谅

想想这一切意味着什么。当我们犯罪时，耶稣鼓励我们将自己的混乱状态带到他面前，因他知道如何待我们。他不会鲁莽粗暴，不会怒声训斥，也不会像我们的父母那样大发雷霆。而他的忍耐不是因为他对我们的罪认识肤浅，他远比我们自己更清楚。事实上，即便在我们自我认知最深刻的时候，也只能认识到自身邪恶的冰山一角。他的忍耐克制完全源于他对自己子民的温柔。《希伯来书》不只告诉我们，耶稣爱我们而不斥责，还告诉我们他的爱是怎样的：他不是高高在上施恩给我们，而是与我们同在，用他的臂膀环绕我们，用我们需要的方式待我们。他温柔体谅我们。

有关《希伯来书》最重要的解经书也许非约翰·欧文的作品莫属。在欧文目前的23卷文集中，有7卷在逐节讲解《希伯来书》。[3]这些解经书花了他差不多20年的时间才完成，第一卷出版于1668年，最后一卷出版于1684年。那么这位伟大的解经家是如何阐释《希伯来书》5章2节的呢？他写道，当经文告诉我们大祭司"能体谅那愚蒙的和失迷的人"时，这意味着他：

> 不会因罪人的愚蒙和迷失而抛弃他们，就像一

---

[3] 我说的是真理旌旗出版社 Banner of Truth (Edinburgh, 1968) 的版本。十架路出版社（Crossway）正在筹备一套新版的欧文重要著作集，预计会有三十多卷内容。

位养儿育女的父亲不会因自己孩子嗷嗷待哺就不管他……大祭司应该如此，而耶稣更该如此。他以完全的柔和谦卑、忍耐克制担当他百姓的软弱、罪恶乃至挑衅，就像一位保姆或者养育儿女的父亲承受着一个可怜婴儿的软弱一样。④

耶稣永远不会拒绝你，就好像一位慈爱的父亲永远不会拒绝他哭泣的婴儿一样。耶稣的心完全向你敞开。没有什么能将他的爱禁锢在天，他心中流淌出恩慈的爱。

不仅如此，基督的"柔和谦卑"以及他的"忍耐克制"对他的本性而言并非无关紧要，仿佛他真正的喜悦不在于此。这种对所有罪人的看顾以及温柔体谅，对他而言最自然不过。欧文接着说，基督"对我们而言，没什么比他的怜悯、忍耐和宽容更能恰当、充分地体现出他的本性。"⑤换句话说，当耶稣"体谅"我们时，他是在做最适合、最自然的事。

事实上，耶稣没有因我们犯罪而撇弃我们，这表明他内心深处的驱动力和喜悦就是忍耐的温柔。欧文说，耶稣基督作为大祭司的这种温柔体谅"是对信徒最大的鼓励和安慰。如果他不是完全具备这样的性情，也并非无论何时都是如此，那么他

---

④ Owen, *Works*, 21:455–56.
⑤ Owen, *Works*, 21:462.

第五章 温柔体谅

一定会不满地抛弃我们。"⑥欧文的表达方式比较老套：我们的罪如此之深，以致耶稣若只有一点点温柔肯定是不够的；然而，无论我们的罪如何深重，基督的温柔体谅总是比我们所需的更加深厚。

但这是为什么呢？为什么基督要体谅我们？

经文告诉我们说："因为他自己也是被软弱所困。"

我们可以立即想到，这通常指的是大祭司。对此后一节经文说得很清楚，它说大祭司要为自己献祭赎罪（来5:3），但耶稣不需要这么做（来7:27）。请记住我们在前面4章15节中看到的——耶稣自己"没有犯罪"，但他能"体恤我们的**软弱**"，因为"他也曾凡事受过试探，与我们一样"。耶稣是完全无罪的。但他的确经历了一个真正的人在这堕落世界上所能经历的一切：患难中的软弱、试探以及人的其他局限性（来2:14-18）。以色列历史上所有的大祭司都是有罪的、软弱的；但耶稣这位大祭司虽然软弱，却没有犯罪（林后13:5）。

因此，与我们的想法相反的是，我们在软弱、患难和试炼中陷得越深，基督就越与我们休戚与共。当我们陷入痛苦时，也有机会更深地**进入**基督心里，而不是相反。

---

⑥ Owen, *Works*, 21:454.

定睛基督吧！他必会温柔体谅你。这是他唯一的做事方式。他是大祭司，终结了一切的大祭司职分。如果你只是定睛于自己的罪，你就不知道何处有平安。但是，一旦你定睛于这位大祭司，你就无视一切危险。若只看自己，我们只会觉得天上的审判何其严厉；若定睛基督，等待我们的只有他的温柔。

第六章 我总不丢弃

到我这里来的，我总不丢弃他。（约6:37）

古德温和欧文的经历非常相似——博学，受过良好教育，善于分析，并且就读于世界上最好的大学。但约翰·班扬却不是这样。他家境贫寒，没有受过良好教育。按照世人的标准，他所有的境遇似乎都不有利于他对人类历史产生深远影响。然而，这正是主最常用的作工方式——让那些社会边缘人物和被忽视的人在救赎历史上悄然扮演着关键角色。班扬的写作风格朴实无华，但他和古德温一样，能让读者洞悉基督的内心。

班扬最著名的作品就是《天路历程》（*The Pilgrim's Progress*），这本书是除圣经之外史上最畅销的书。此外他还写了57本著作，其中最受欢迎的一本是写于1678年的《欢迎到耶稣基督这里来》（*Come and Welcome to Jesus Christ*）。这本书的题目很暖心，也是全书的主旨句。他以典型的清教徒风格，针对一节经文写了一本书，仔细思想经文的含义。而《欢迎到耶稣基督这里来》依据的经文是《约翰福音》6章37节。耶稣宣告自己就是灵里饥饿之人的生命之粮（约6:32-40），他说：

> 凡父所赐给我的人，必到我这里来；到我这里来的，我总不丢弃他。

这是班扬最喜爱的经文之一，因为他在作品中常常引用它。在《欢迎到耶稣基督这里来》一书里，他从各个角度审读这节经文，深入剖析其中的含义。

这节经文包含着许多安慰人的神学思想。想想耶稣说的：

- "凡"而不是"大多数"。一旦天父饱含慈爱地关注一个失迷的罪人，那么这个罪人必得拯救。
- "父"。我们的救赎并不是恩慈的圣子试图安抚那位怒不可遏的天父，而是出于父自己的命定，是他饱含慈爱、主动救拔我们（38节）。
- "赐给"而不是"有保留"。天父最喜悦的事是，将那些顽梗悖逆之人完全赐给子，让子恩慈地看顾他们。
- "必到"。神拯救罪人的目的永不受挫。他从不沮丧，他的力量永不断绝。如果父呼召我们，我们**必**

第六章 我总不丢弃你

会到基督面前来。

- "到……这里来的"。我们不是机器人。尽管天父显然是我们救恩的最高统帅,但我们不是不情不愿地被拖到基督面前。神的恩典如此浩大,它扭转了我们里面的欲望。我们的眼睛被开启,看到基督如此美丽,因而我们也愿意到他面前来。所有"到我这里来的"的,神都欢迎。欢迎到耶稣基督这里来。

- "到我这里来"。我们要找的不是一套教义,也不是一间教会,甚至不是福音,尽管这些都很重要,但最重要的是我们要找到那一位,就是基督自己。

班扬得出了上述结论,除此之外还有更多。这本书很值得一读。①作者着墨最多的是经文的最后一句话,对他来说这也是最重要的一句经义。这本书的核心内容是指明我们对基督的心那种根深蒂固的怀疑。根据英王钦定本("Him that cometh to me I will in no wise cast out")的经文,班扬阐述道:

---

① 真理旌旗出版社(Banner of Truth)出版的是单卷本:Come and Welcome to Jesus Christ (Edinburgh: Banner of Truth, 2004); 它是 *The Works of John Bunyan* 三卷本中的第 1 卷,由 George Offor 编著 (repr., Edinburgh: Banner of Truth, 1991), 240-99.

那些到耶稣基督面前来的人，常常害怕耶稣基督不会接纳他们。

这一点也暗含在经文中。从"我总不丢弃他"这一应许的广泛性和开放性可以推断出。因为如果我们没有这种"怕被丢弃"的想法，那么基督就不必用"总不"("in no wise")这个伟大而不寻常的表述来除去我们的惧怕。

可以这样说，如果罪人不承认这种想法会令自己灰心沮丧，那么神就不需要说出这句充满属天智慧的应许，也不必使用这么绝对的措辞，仿佛他想要一举粉碎罪人到主面前来的所有拦阻。

因为"总不"一词使一切拦阻化为乌有。主耶稣这么说就是要达到这个目的，他要除去罪人信心中的杂质。而且这句话可以说是神一切应许的总和。不论你出于何种原因认为自己不配，这应许总不会失效。

你说，但我罪大恶极。

　　基督说："我总不丢弃你。"

你说，但我犯罪已久。

　　基督说："我总不丢弃你。"

你说，但我是个铁石心肠的罪人。

　　基督说："我总不丢弃你。"

你说，但我正处在灵性的低谷。

第六章 我总不丢弃你

> 基督说:"我总不丢弃你。"
>
> 你说,但我一直都在服侍撒但。
>
> 基督说:"我总不丢弃你。"
>
> 你说,但我犯罪抵挡真光。
>
> 基督说:"我总不丢弃你。"
>
> 你说,但我犯罪背弃了你的怜悯。
>
> 基督说:"我总不丢弃你。"
>
> 你说,但我乏善可陈。
>
> 基督说:"我总不丢弃你。"
>
> 这应许可以回应人所有的异议,而且相当有效。②

现代英语已经不再使用"in no wise"一词了,但这是17世纪的英语表达方式,用于表达《约翰福音》6章37节希腊原文中的强调否定句。经文的字面意思是,"凡来到我这里的,我**不会**丢弃。"有时候,希腊文会将两个否定词叠加在一起,为要表达否定的力度,就像这里。"我绝对不会、永远不会丢弃你。"这个表明基督不会丢弃我们的强调否定句,被班扬称作"伟大而不寻常的表述"。

那么,班扬的目的是什么呢?

耶稣在《约翰福音》6章37节说的话、《欢迎到耶稣基督

---

② Bunyan, *Come and Welcome to Jesus Christ*, in Works, 1:279–80;文字略有改动。

这里来》一书以及此书的钥节《约翰福音》6章37节，都让我们因基督恒久忍耐的本性得着安慰。我们说"但我……"，他却回答"我总不丢弃你"。

堕落、忧虑的罪人总有无数理由认为耶稣会丢弃他们。我们是抵挡基督之爱的肉身工厂。即便找不到被弃绝的具体理由，如某种特殊的罪或失败，我们仍然会有种模糊的感觉，觉得只要时间够长耶稣终会厌烦我们，并和我们保持距离。班扬很了解我们，他知道我们常常会质疑基督的应许。

"不，等等"——我们说，小心翼翼地接近耶稣——"你不懂，我真的把所有事情都搞砸了。"

我知道，他回答。

"你当然知道大部分事，比其他人知道的多。但我内心深处有种邪恶谁也不知道。"

这一切我都知道。

"好吧——问题是，我不但过去这样，现在也这样。"

我知道。

"但我不知道自己是否能在短时间内离弃这恶。"

我来就是要帮助你这样的人。

"我的担子太重了，而且一直如此。"

第六章 我总不丢弃你

那就让我来担吧。

"这简直难以忍受!"

我可以忍。

"你不明白。我得罪的不是别人,而是你。"

那我就是那个最适合饶恕你的人。

"但是,如果你在我里面看到更多的恶,就会很快厌烦我。"

到我这里来的,我总不丢弃他。

班扬总结了我们不愿到耶稣面前来的种种理由,并予以有力地回击,让人无可辩驳。"这应许可以回应人所有的异议,而且相当有效。"

一切争议都消失了。我们找不出任何理由可以让耶稣对自己的羊最终关闭心门。这样的理由根本不存在。任何人类的朋友都有一个限度。如果我们得罪他们太多,如果彼此的关系被破坏得太严重,如果背叛太多,我们就会被他们抛弃。人与人之间像隔了堵墙。而对基督来说,我们的罪和软弱正如简历中的各种条目,让我们有资格靠近他。我们只需要来到他面前——第一次是归信时,此后又无数次,直至我们死后与他面对面。

也许，与其说是罪，不如说是苦难让我们有些人怀疑基督是否心存恒忍。随着痛苦日益加深，心里逐渐麻木，随着时间的流逝，有时我们似乎很容易就得出一个结论：我们被丢弃了。如果那位柔和谦卑的救主深爱着一个人，那么这人的生活肯定不会这样，对吗？但是耶稣并没有说，那些生活中没有痛苦的人他总不丢弃。他说的是，到他这里来的，他总不丢弃。基督爱我们不是因我们在生活中经历了什么，而是因我们属他。

要享受这样的爱，唯一需要的就是来到他面前，祈求他接纳我们。他没有说"到我这里来的，要足够悔悟"，或者"到我这里来的，要感觉自己罪孽深重"，或者"到我这里来的，要加倍努力"。他说的是"到我这里来的，我总不丢弃他。"

他的美善旨意是否成就不在于我们有多大决心。当我两岁的儿子本杰明蹒跚走入我家附近的一个步入式游泳池时，他本能地抓住我的手。水越来越深，他也抓得越来越紧。但是一个两岁孩童的手可没那么大力气。片刻之后，就变成了我抓着他，而不是他抓着我。如果他靠自己，那他肯定会挣脱我的保护。但是如果我下定决心不让他脱离我的手，那么他必平安无事，想逃也逃不掉。

基督也是如此。当然，我们离不开他。可是我们的力气如此渺小，就好像两岁孩童面对生活中的惊涛骇浪那样。但基督紧紧抓住我们，如此真实，永不动摇。《诗篇》63篇8节表明了这个双重真理："我心紧紧地跟随你，你的右手扶持我。"

第六章 我总不丢弃你

永恒保障（或说"一次得救，永远得救"）的教义是一个荣耀的真理，有时也称作"圣徒永蒙保守"（the perseverance of the saints）。但我们这里所讲的要比这个教义更深刻。我们将基督恒忍的教义推进了一步。是的，公开宣信的人也会背道，这证明他们从来没有真信基督过。是的，罪人一旦与基督联合，就没有任何事物能使他们分开。但是在这些教义的框架中，神的心是如何有形有体地居住在基督里面呢？随着罪和苦难日渐加增，基督对我们最深的本能是什么呢？是什么让他不会对我们渐渐冷淡呢？答案是，他的心。圣子的救赎工作，由圣父命定，由圣灵实施，确保我们永远得享平安。但是像《约翰福音》6章37节这样的经文让我们确信，这不只是神的命定，也是神心里的愿望。这是属天的喜乐。到我这里来吧！基督说。我要拥你入怀，让你了解我是谁，永远不让你离开。

你是否想过，如果你在基督里，什么才是真实的呢？要让你远离基督爱的怀抱，无论现在还是永远，就要把基督从天上拉下来重新送回坟墓。他的受死和复活让他永远不会丢弃属他的人，无论他们跌倒多少次。但是基督的工作是发自内心的。他无法忍受与自己的子民分离，哪怕他们只配被丢弃。

"但我……"

尽管提出你的理由吧！没什么可以影响到这句不可动摇的应许："到我这里来的，我总不丢弃他。"

对那些与他联合的人来说，基督的爱不是稍纵即逝，你可以永远地倚靠他。你不是一个过客；你是他的孩子。他的心不是随时会引爆的炸弹，不论我们现在的属灵光景如何，他都使我们躺卧在青草地上，领我们在可安歇的水边，永远让我们确信他与我们同在，并安慰我们。这就是他。

第七章　他对我们的罪有何反应

> 我回心转意。（何11:8）

我们也许无法想象，那些不信基督的人在末日所面对的地狱究竟有多恐怖，神对他们的公义审判和忿怒究竟有多严厉。这里的"严厉"一词也许让人感觉神总是怒不可遏，而且喜欢小题大做。然而在神，没有什么会是失控或不合宜的。

我们之所以会觉得神发怒是小题大做，是因为我们轻忽了罪真正的影响力。对此钟马田（Martyn Lloyd-Jones）反思说：

> 你永远不会发自内心地认为自己真是罪人，因为犯罪后你里面有一种保护机制，使你面对所有指控时总为自己辩解。我们都喜欢维护自己，也总能找些理由证明自己是个好人。即便我们真的想要认识到自己的罪，也永远做不到。只有一种方式能让我们真知道

自己是罪人，那就是对神开始有一些隐约、模糊的认识。①

换句话说，我们感受不到罪的影响力是因为罪的拦阻。如果我们想要更清晰地看到罪多么隐蔽、多么普遍、多么令人厌恶——正如钟马田所说，只有当我们看到神的荣美和圣洁时才有可能——我们就知道，人何其邪恶，必须受到神的严厉审判。即使是古德温这样对基督慈心有深刻感悟的人，也毫不犹豫地断言，如果"他对罪的忿怒是烈火"，那么"地上所有的风箱一起开启……也不能把炉子烧到神的忿怒那样热。"②

正如我们很难理解神对不信之人的严厉一样，我们同样也很难理解神对那些已经在基督里的人显出的温柔。强调神有多忿怒就有多温柔时，我们也许会觉得有点尴尬、不舒服，甚至有罪恶感。但我们读圣经却没有感到任何不适。想想《罗马书》5章20节："罪在哪里显多，恩典就更显多了。"那些属基督之人的内疚和羞愧永远无法超越神丰盛的恩典。当我们以为自己的想法和言行让神不再施恩时，那些罪和失败其实会让神倾倒出更多的恩典。

---

① Martyn Lloyd-Jones, *Seeking the Face of God: Nine Reflections on the Psalms* (Wheaton, IL: Crossway, 2005), 34.
② Thomas Goodwin, *Of Gospel Holiness in the Heart and Life*, in *The Works of Thomas Goodwin*, 12 vols. (repr., Grand Rapids, MI: Reformation Heritage, 2006), 7:194.

第七章 他对我们的罪有何反应

让我们进一步探讨这个福音经济学中的神圣原则。我们一直在谈论神的恩典以及神如何赐恩,使有需要的人大得饱足。但纯粹地说,恩典不是件"东西"。罗马天主教神学认为,恩典是一种可存储的财富,可通过各种特定方式获取。但是,神赐我们的恩典就是来就近我们的耶稣基督。在圣经的福音里,我们得到的不是一个东西,而是一个人。

让我们再深入一点。当神将基督赐给我们时,我们究竟得到了什么?更准确地说,如果说神会因我们犯罪而收回恩典,而只有在基督里恩典才会临到我们,那么我们就需要面对耶稣之所是的一个重要方面——也是清教徒最喜欢思想的一个方面:**当我们犯罪时,基督心里切切想念我们。**

这可能会引起我们中一些人的反感。如果基督全然圣洁,难道他不需要远离罪吗?

这里我们看到一个极深的奥秘,即神在基督里的所是。不仅圣洁和罪相互排斥,而且完全圣洁的基督比我们这些有罪的人更能了解和感受到罪的恐怖和沉重——正如一个人的内心越纯洁,他就越害怕他的邻舍遭劫持或苦待。相反,一个人的内心越败坏,就越不会受到周遭邪恶的影响。

我们把这个类比再延伸出去。败坏之人只会无动于衷、漠不关心，但人内心越纯洁，就越惧怕邪恶，也越愿意帮助、拯救、保护、安慰别人。基督也是如此。因着他的圣洁，他比我们中的任何人都恨恶罪。但也正是因为圣洁，所以他愿意帮助、拯救、保护和安慰我们。此外，我们必须牢记，那些不属基督的人和属基督的人之间存在着至关重要的区别。对前者来说，罪会招致圣洁的义怒。一位对道德极其严肃的神怎会对罪没有反应呢？但对后者来说，罪使神里面产生了圣洁的渴望、慈爱和温柔。在论述神圣洁的关键经文（赛6:1-8）中，这种圣洁（赛6:3）自然、直接地唤起了神的赦免和怜悯之心（赛6:7）。

古德温以一系列结论性应用结束了《基督的心》一书，以下是他对上述观点的解释。基督因我们的罪和苦难深感痛苦，我们便得着"安慰和鼓励"，古德温在思想这一点时写道：

> 那些软弱之人的安慰在于，正是他们的罪让神的怜悯多于忿怒……他在我们软弱时与我们一同受苦，这软弱是由我们的罪和其他苦难所致……基督会与你同在，而且他绝不会对你发怒，因为他所有怒气都转向你的罪了，为要除去它；是的，他对你的怜悯愈发加增，好像一位父亲对自己身患恶病的孩子的心，亦或一个人身上长了麻风病，他不会讨厌那个患病的部位，因为那是他身体的一部分，他

第七章　他对我们的罪有何反应

讨厌的是这病，而这就让他里面对那个发病部位生出更多的怜悯。既然我们犯罪得罪了基督，又伤害到自己，也不能为我们带来任何益处和福祉，那么基督怎会不更加怜悯我们呢？

苦难越深，蒙爱之人所受的怜悯也就越多。在所有苦难中，罪所致的苦难最大；当你这样看罪时，基督也必这样看。而他爱的是你这个人，恨恶的只是你的罪，他的恨恶只会落在你的罪上，为要借着毁灭这罪，救你脱离它，但是他对你的爱会更加深切；无论你是在罪中还是其他苦难，都是如此。因此，不要惧怕。③

古德温在这里说了什么？

如果你是基督的肢体，你的罪会唤起他心中最深的同情和怜悯。他"与你同在"，也即他就在你身边。他与你一起抵挡罪，而不是与罪一起抵挡你。他恨恶罪，但是他爱你。古德温说，当我们想到一位父亲对折磨他孩子的恶疾所怀的恨恶时，就能明白这一点——父亲恨恶疾病，却深爱自己的孩子。事实上，从某种程度上说，疾病反而会唤起父亲对孩子更多的牵挂。

---

③　Thomas Goodwin, *The Heart of Christ* (Edinburgh: Banner of Truth, 2011), 155–56.

这么说不是要忽略基督对他子民爱的管教。圣经清楚地教导说，我们犯罪会受到基督的管教（来12:1-11）。如果他不这样，那么他就不是真爱我们。但即便是管教，也反映出他深爱着我们。当一个肢体受伤时，就必须接受治疗，因此疼痛在所难免。但是治疗的目的不是惩罚，而是治愈。之所以安排治疗，是因为我们需要照管那个肢体。

在本书后面的部分中，我们将会讨论一系列旧约经文。但现在我们先来看其中的一段，因为这段经文可以将本章讨论的几个要点联系起来，让我们深入了解神借着耶稣对我们的心。在《何西阿书》11章我们看到：

> 我的民偏要背道离开我，
> 众先知虽然招呼他们归向至上的主，
> 却无人尊崇主。
> 以法莲哪，我怎能舍弃你？
> 以色列啊，我怎能弃绝你？
> 我怎能使你如押玛？
> 怎能使你如洗扁？
> 我回心转意，
> 我的怜爱大大发动。
> 我必不发猛烈的怒气，
> 也不再毁灭以法莲，

第七章　他对我们的罪有何反应

因我是神，并非世人；
是你们中间的圣者，
我必不在怒中临到你们。（何 11:7-9）

这段经文涵盖了我们在本章中提到的几个要点：神的子民、在罪中、神的心，而且明确肯定神的圣洁。那么经文得出了什么结论呢？一个主要的结论是：因看到子民犯罪，神就对他们大发怜爱。

神看到他子民的道德败坏。他们一次次顽梗悖逆——不是偶尔为之，而是"**偏要**背道离开我"（7节）。这说明他们是故意悖逆神。但关键在于，他们是他的子民。那么神心里会怎么想呢？这里我们必须谨慎；神就是神，他不会像我们这些受造之人那样容易受到情绪的影响，更不用说我们还犯了罪。但经文是怎么说的呢？在这里我们得以一瞥神的本性，也看到并感受到神内心深处的情感波动。他心中充满了对他子民的同情和怜悯，就是没法丢弃他们。没有什么能让他丢弃他们，因他们是属他的。

哪位父亲会因为心爱的儿子犯了大错就要送给别人收养呢？

切勿因过于强调神的超越性而失去对神情感的感觉，因我们自己的情感就是神情感的一种反映，尽管它堕落扭曲了。④神不是柏拉图式的完美典范,冷漠而严厉,无法与人产生有意义的互动。神不带任何堕落的情感,但他是有情感的——否则,我们这些按照他形象所造之人的情感来自哪里呢?

面对神子民的罪,经文说他的"怜爱大大发动"。谁能想到神的内心深处会是这样呢?经文将神的至高圣洁与他拒绝发怒联系起来。谁能想到这一点呢?我们读到:

> 因我是神,并非世人;
> 是你们中间的圣者,
> **我必不在怒中临到你们。**

---

④ 神学家们将圣经对神情感生活的描述称为"**神人同感论**"(anthropopathism)。它与"**神人同形同性论**"(anthropomorphism)相似,后者指圣经用人类的语言形容神,但这些词不能从字面上理解,比如说神的"手"。"神人同感论"则更复杂一些。我们用它来捍卫这样一个事实,即神的情感不像人的情感那样变化无常;相反,神是完美的、超越的,不会像我们这有限的人那样受环境的影响。他是"不觉痛苦的"。与此同时,我们也不应该忽视圣经对神内心的描述(使用"神人同感论"这类的术语),以至于把他看作一个柏拉图式的精神力量,与自己子民的福祉无关。这里的关键是要明白,没有什么能让神措手不及,在神以外也没有什么能破坏神的完美和纯全,他自由地通过约的关系和他的子民互动,并且真正关心他们的福祉。如果你觉得神的"情感"(emotion)这个词不妥当,可以考虑使用(如清教徒所说的)"爱"(affection)一词——神接纳他犯罪和受苦子民的性情。想了解更多内容请参见 Rob Lister, *God Is Impassible and Impassioned: Toward a Theology of Divine Emotion* (Wheaton, IL: Crossway, 2012)。

第七章 他对我们的罪有何反应

你希望神这样说吗？难道你内心深处不是希望他说出下面这段稍加改动后的话吗？

> 因我是神，并非世人；
> 是你们中间的圣者，
> **所以我必在怒中临到你们。**

圣经说，当神看到他的子民犯罪时，他超越的圣洁——他的神性、他作为神的本性，就是使他成为神而非我们的特性——让他**无法**在怒中临到他子民。我们总是觉得，因为他是神而非世人，所以他的圣洁就会让他必在怒中临到有罪的子民。而圣经再次纠正了我们的想法，它使我们摆脱了我们本性中依据人的想象造神的方式，让神自己告诉我们他的所是。

正如我们很容易轻看神对不属基督之人的惩罚性审判，我们也容易轻看神对属基督之人的怜悯之心。古德温和《何西阿书》11章以及圣经整个故事线的延续都让我们惊叹不已。对我们属神的人来说，罪反而打开了神对我们怜悯的闸门，他情感的洪流一泻千里。他爱我们，不是因为我们可爱，而是因为我们不可爱。

这一切令我们难以置信。这不是我们周遭世界的运作方式，我们的心也无法发出这样的果效。但我们要谦卑降服在神面前，让神自己决定如何来爱我们。

第八章　他拯救到底

> 因为他是长远活着，替他们祈求。（来7:25）

当今教会最容易忽视的教义之一是：基督在天上替我们代求。说到基督的代求时，我们其实是指基督**现在**的工作。基督在世上时，曾借着他的死和复活拯救了我，他的荣耀已以可见的方式得着恢复。但他现在在做什么呢？对许多人来说，这位大能的耶稣现在什么也没做；我们往往以为，我们得救所需的一切工都已完成了。

但新约却不是这样说的。我们会花一些时间思想基督在天上的代求，不仅因为它被今天的教会忽视，还因为它是基督工作的一部分，是他内心的独特写照。

为厘清代求的含义以及它被忽视的原因，我们将它与**称义**的教义联系起来。近些年来，很多人围绕着"称义"这一荣耀的教义著书立说、讲道服侍、教导众人，实乃理所当然。称义就是在神面前被称为义，在神的审判台前被宣告无罪，这完全是因为有人（耶稣）代替了我们。但我们心里却常常偏离这种完全免罪的观念。这种拒绝接受因基督所做的在神面前完全无罪的观念，被中世纪和后来的罗马天主教神学确立为官方教义。改教家路德和加尔文恢复了称义的教义，并重新阐述它的含义。从那以后，每一代基督徒都要从自身的角度重新认识这一教义。我们被神称义不是在我们开始努力行善时，而是在我们崩溃后真正认识到自己永远不能之时，这是基督信仰最反直觉的一面。

但是，称义在很大程度上是指基督过去为我们所做之事，其核心是基督的受死和复活。"我们**既**因信称义……"（罗5:1）。他从死里复活了，我们既然信他，就得称为义，因为他是为我们这些只配受死的罪人而死。

但他现在在做什么呢？

我们不必猜测，因为圣经已经告诉我们，他正在替我们代求。

称义关乎基督过去所做的事。代求则是他现在做的事。

可以这样想。基督的心并不会随时间的流逝而改变。不是说基督在地上时为自己的子民牵肠挂肚，到了天上便漠不不关心，也不是说他曾因一时的怜悯为我们走向十字架，如今却冷若冰霜，又恢复到之前的疏离。他对自己子民的想念一如既往，和他当初道成肉身的时候并无两样。**这想念如今表现为，他一直替他们代求。**

第八章　他拯救到底

什么是代求？

一般来说，它是指有第三方介入两者之间，代表一方向另一方说情。想想父母代表自己的孩子向老师求情，或者经纪人代表运动员跟某个职业运动队谈合作。

那么对基督而言，代求是什么意思呢？当事双方是谁？一方是父神，另一方是我们信徒。但耶稣为什么要为我们代求呢？毕竟，我们不是已经完全称义了吗？基督还需要为我们求什么呢？他不是已经做了所有能让我们罪得赦免的事了吗？换句话说，基督天上代求的教义是否意味着他在十字架上的救赎工作还没完成？如果我们说基督在十字架上工作已经做成，那么代求的教义是否暗示了这工作其实尚未完成？

答案是，救赎大工完成之后，基督的工作转为代求。他如今在天上为我们代求，反映出他在地上工作的完整、得胜和完全，而不是说他的工作有欠缺。基督的代赎成就了我们的救恩，而他的代求就是时刻应用这代赎的工作。在过去，耶稣做了他现在所说的事；而现在，耶稣在说他过去做的事。因此，新约将称义和代求联系起来，如《罗马书》8章33至34节所说："谁能控告神所拣选的人呢？有神称他们为义了。谁能定他们的罪呢？有基督耶稣已经死了，而且从死里复活，现今在神的右边，也替我们祈求。"代求就是基督在天上的法庭中不断提醒我们称义的事实。

往深了说，基督的代求反映出我们的救恩是个人化的。如果我们只知道基督的受死和复活，却不知道他的代求，那么我们就很容易将救恩看成是过于公式化的术语。它会让人觉得很抽象，感觉不到基督的真正所是。他为我们代求，反映出他的内心——他为了自己的子民来到世上，又从死里复活，而如今他不断地恳求、提醒和劝说天父永远接纳我们，都因他定意如此。

这不是说父不太愿意完全接纳我们，也不是说子比父更爱我们。（我们会在第十四章详细探讨这一点。）圣子的救赎工作是父和子在永恒的过去欣然命定的事。子的代求并不表示父冷漠，而是说子对我们全然热心。基督代求不是因为父对我们不冷不热，而是因为子完全爱着我们。但父最深的喜悦是赞许子为我们的祈求。

想想看，一位哥哥在田径运动会上为自己的弟弟加油。即便在最后冲刺的阶段，弟弟遥遥领先，眼看着就要赢得比赛，难道哥哥会安静地坐在后面、心满意足吗？当然不会——他会声嘶力竭地呐喊助威，以示鼓励、肯定、庆祝、胜利和支持。他根本无法安静坐着。而我们的兄长耶稣也是如此。

班扬针对基督在天上的代求写了一本书，名为《基督，完全的救主》（*Christ a Complete Savior*）。在书中，他解释了代

第八章　他拯救到底

求的教义与基督的心有何关系。我们的救恩有客观的一面，班扬称其为"称义"：神"称我们为义，不是通过给我们制定律法或成为我们的榜样，也不是因为我们在哪个方面跟随了他，而是借着他为我们所流的宝血。他将公义赐给我们，而不是指望我们能够产生出什么公义来。"[1]但是，福音除了客观的一面，还有一个主观的事实，对此班扬是这样论述的：

> 正如你需要认识他以及人如何靠他称义，你还需要认识到，对那些靠着神来到他面前的人，他不仅乐意接纳，还赐给他们一切所需。假设他的功绩（完全）有效，但如果可以证明他不愿将这功绩分享给那些来到他面前的人，那么就没有什么人愿意冒险侍奉他。而现在他已经完全了，可以自由行事。没有比把他拥有的东西赐给人更让他喜悦的了！特别是赐给那些穷人和有需要的人。[2]

即使我们完全接受称义的教义，也知道我们的罪已得赦免，但如果基督是一位严厉的救主，那我们还是不愿意到基督面前来。但是，他现在在天上所展现出来的态度、性情以及他

---

[1] *The Works of John Bunyan*, ed. George Offor, 3 vols. (repr., Edinburgh: Banner of Truth, 1991), 1:221.
[2] Bunyan, *Works of John Bunyan*, 1:221.

至深的愿望，是替我们在父面前倾心吐意。基督的代求是他心所愿，将我们的心与父的心联结起来。

班扬的《基督，完全的救主》一书是基于《希伯来书》7章25节撰写而成。这节经文可能是整本新约中关于基督代求教义的最关键的经文。在探讨了基督永远长存以及他永远的祭司职分后，《希伯来书》的作者总结如下：

> 凡靠着他进到神面前的人，他都能拯救到底，
> 因为他是长远活着，替他们祈求。

"到底"一词的希腊文是"panteles"，表示全面、完整、彻底。除此之外，新约中只有《路加福音》13章11节用到了这个词，形容一个瘫痪了十八年腰弯得"一点也直不起来"的妇人。

基督拯救"到底"是何意义呢？我们若了解自己的本相就知道，我们是彻头彻尾的罪人，需要一位拯救到底的救主。

基督不只帮助我们，也拯救我们。对我们中那些与主同行有一段时间的人来说，这似乎是显而易见的。基督当然会救我们。但想想你潜意识中的思考模式。难道你没有察觉到自己里

面总有一种低级的冲动,要通过自己的努力来坚固他的救赎工作吗?我们总是将《希伯来书》7章25节改为:"凡靠着他进到神面前的人,他都能拯救**大部分**。"但基督所赐的救恩是完全的、丰富的。顺着《希伯来书》7章的思路可以发现,作者似乎特别关注这份救恩的**时间性**。因为耶稣"祭司的职任就长久不更换",而且他是"永远常存的"(24节),不像他之前的那些祭司都死了(23节),因此他"能拯救到底"。我们在神的家中领受他的恩惠,这一事实永远不会像发动机熄火那样彻底消失。

我们总觉得,生活中有些罪神很难赦免。我们**说**自己已经完全被神赦免,也诚心诚意地相信这一点,至少大体上是吧。但在我们的生活中,甚至现在的生活中,有一个隐藏已久的阴暗角落,它似乎那么棘手,那么丑陋,而且无法解决。《希伯来书》7章25节中"拯救到底"的意思是:神的赦免、拯救和重建会深入到我们灵魂里最黑暗的裂缝,就是那些最羞耻、最失败的地方。不仅如此,这些裂缝本身正是基督爱我们至深的地方。他乐意如此行,他心里切切想念那个地方。他爱我们到底,也拯救我们到底,因为他心里想念我们到底。无论我们犯了什么罪,他都温柔看顾着我们。

但我们是怎么知道的呢?因为圣经如此告诉我们。"凡靠着他进到神面前的人,他都能拯救到底,**因为他是长远活着,替他们祈求。**"(来7:25)因为基督在天上代求,所以我们知道他必会拯救到底。

　　这句话的意思是这样：子（注意"长远"一词）时刻将自己赎罪的生命、受死和复活带到父面前，永远不会停止。加尔文写道，基督"使父的目光转向自己的义，这样父便掩面不看我们的罪。他求父与我们和好，借着代求为我们预备了一条到父宝座前的路。"[3]我们知道这意味着什么吗？请注意圣经中蒙祝福的事实。这说明我们基督徒是不断犯罪的人。基督替我们在天上长远代求，因为我们在地上失败不断。他借着十字架上的工作赦免我们之后，并不指望我们靠自己安度余生。想象一名滑翔伞运动员，他坐着飞机飞向天空，然后跃出机舱，滑翔落地。我们总觉得自己就是那名滑翔伞运动员，基督就是飞机。但事实上，他从来没有离开我们。他绝不会放手后祝福我们一切安好，好心地祝愿我们能好好滑翔进入天国。他全路程都带领着我们。

　　我们可以将基督的代求简单理解为：耶稣正在为你祷告。神学家伯克富（Louis Berkhof）这样写道："即便我们疏忽了祷告生活，但基督正在为我们祷告，这真是一种安慰。"[4]我们的祷告生活大多数时候都不太美好。但是，如果你知道耶稣

---

③　约翰·加尔文，《基督教要义》第二册，钱曜诚等译，生活·读书·新知三联书店，2013年10月。
④　Louis Berkhof, Systematic Theology (Edinburgh: Banner of Truth, 1958), 400. 中译本参考：伯克富，《系统神学》，随真译，麦种传道会，2019年1月。

第八章 他拯救到底

正在隔壁房间大声为你祷告，你会怎样？没有什么比这更令我们感到安慰了。

基督现在在天上代求的教义在今天却为人们忽视，这实在太糟糕了！因为这条教义是一个安慰人的真理，是基督内心的真实写照。赎罪的教义让我们确信基督过去所做的事情，而代求的教义则让我们确信基督现在正在做的事情。

如果你在基督里，你就有了一位代求者，就是现今的中保，他与他的父一同欢喜庆祝，他们愿意全心拥抱你。神学家薛伯斯写道：

> 我们天天亲近神，在一切处境中放胆无惧地服侍他，是何等的安慰！奉神所爱、所喜悦的那一位的名归向神，我们就在审判庭上有一位朋友，一位天上的朋友，在神的右手边为我们说话，让神接纳我们，让我们的祷告有馨香之气并得蒙应允。当我们知道这一事实后，我们每天来到神面前将有多么大的安慰，将多么有勇气向神祈求……因此，我们要在一切处境中向神呼求，叫我们的长兄与我们同去……神看我们的可爱，喜悦我们，因我们是他的

身体。⑤

我们悖逆犯罪到底，但他却能拯救到底。他的救恩总能胜过我们的罪，因为他是长远活着，替我们祈求。

---

⑤ Richard Sibbes, *A Description of Christ,* in *The Works of Richard Sibbes*, ed. A. B. Grosart, 7 vols. (Edinburgh: Banner of Truth, 1983), 1:13.

第九章　一位中保

在父那里我们有一位中保,就是那义者耶稣基督。(约壹 2:1)

和"代求"的概念密切相关的是"中保"的概念。这两个概念意思相近,但它们在希腊文中却存在细微的差别。"代求"是在双方之间做和好的工作,为的是将两方撮合在一起。"中保"与之类似,但它还有要与某一方联合的意思。代求者是站在两方之间,但中保不仅要站在两方之间,而且要进一步与一方联合,帮助其接近另一方。耶稣不仅仅是一位代求者,他更是一位中保。和代求类似,中保也是当今教会容易忽视的教导,它直接反应出基督的内心。

班扬围绕《希伯来书》7章25节写了一本书,这节经文是关于基督在天上代求的关键经文;他还围绕《约翰一书》2章1节写了一本书,而这节经文则是关于基督在天上做中保的关键

柔和谦卑

经文：

> 我小子们哪，我将这些话写给你们，是要叫你们不犯罪。若有人犯罪，在父那里我们有一位中保，就是那义者耶稣基督。

新约关于恩典的信息并不意味着神不在乎道德。福音呼召我们离弃罪。约翰明确地说，他写这封信是要他的读者"不犯罪"。如果这是这封信所传达的唯一信息，那么这是一个有效且适当的呼召。但它也会击垮我们。我们不仅需要劝勉，还需要得着释放。我们不仅需要基督作王，还需要他成为我们的朋友。他不仅在天上，而且也在我们身边。而这正是这节经文后半部分告诉我们的：

> 若有人犯罪，在父那里我们有一位中保，就是那义者耶稣基督。

《约翰一书》2章1节中的"中保"一词（*parakletos*）的希腊文在新约中出现了五次。其余四次都出现在《约翰福音》14至16章里耶稣在马可楼上讲话的经文中，每一次都是指耶稣升天后圣灵的工作（约14:16、26，15:26，16:7）。它的含义仅用一个英文单词很难表达完全。在多个译本中，它的意思包括

第九章 一位中保

"Helper"（参见ESV、NKJV、GNB、NASB译本，意为"帮助者"），"Advocate"（参见NIV、NET译本，意为"中保"），"Counselor"（参见CSB、RSV译本，意为"辅导者"），"Comforter"（参见KJV译本，意为"安慰者"），以及"Companion"（参见CEB译本，意为"同伴"）。很多译本都会在此处加一个注解，给出其他可能的翻译，这说明很难用一个英文单词完全表达出"*parakletos*"的意思。它是指代表别人出现的人，因此最能表达出这人职责的英文单词也许是"advocate"（中保）。（早期的神学家如特土良和奥古斯丁，在其拉丁语作品中常常将新约里的"*parakletos*"一词翻译为"advocatus"。①）

接着《约翰一书》又说，耶稣也"为我们的罪作了挽回祭"（约壹2:2）。这话的意思是，耶稣平息或转移了父因我们犯罪所发的义怒。"挽回祭"是一个法律用词，表达救恩的客观果效。基督作我们的中保，也许有一些模糊的法律意义，但在新约之外的早期文学作品中，它通常带有更多主观色彩，表达了一种休戚与共的情感。耶稣也经历了我们所经历的。他能感受到我们的感受。他靠近我们，并且大声为我们呼求。

他为谁当中保呢？经文告诉我们是"任何人"。他作中保

---

① F. W. Danker, ed., *A Greek-English Lexicon of the New Testament and Other Early Christian Literature,* 3rd ed. (Chicago: University of Chicago Press, 2000), 766.

只需要我们具备一个条件：渴望。

我们何时能得到这位中保呢？经文没有说"我们将会有一位中保"，而是说"我们有一位中保"。所有在基督里的人，现在有人在为他们说话。

为什么这位中保可以帮助我们呢？经文告诉我们：他是"义者"，而且唯有他才是。我们都是不义的，他却是义者。即使我们最敬虔地悔改，这悔改本身也会带来更多的罪，因而需要更多的赦免。若没有中保，我们便无法到天父面前。与一位中保联合，他来找我而不是等我去找他，在我一切的不义上都是义的——这让我们在父面前坦然无惧，且笃信不疑。

我们把《希伯来书》7章25节和《约翰一书》2章1节进行比较，以便更深入地了解基督的代求和他作中保之间的区别。《希伯来书》7章25节说："基督长远活着，替我们祈求。"而《约翰一书》2章1节说："若有人犯罪，在父那里我们有一位中保。"

你看出二者的区别了吗？"代求"是基督一直在做的事，而"中保"则是他在有需要时才做的事。显然他会为我们一般的罪代求，但他也在具体的罪上作我们的中保。对此班扬的解释如下：

第九章 一位中保

先是作祭司的基督，而后是作中保的基督。

基督作为祭司，一直替我们代求；而基督作为中保，在我们犯大罪的时候为我们求告。

基督作为祭司，一直在做工；而基督作为中保，只在某些时候做工。

基督作为祭司，在平安的时候做工；而基督作为中保，在患难、混乱和激烈的争竞中做工，因此，作为中保的基督如我所说，是一位先行者，当他的子民落入肮脏罪污时，他的时候就到了，起来为他们求告。[2]

请注意基督作中保的**个人化**特点。他的工作并非一成不变，必要时他会挺身而出。圣经从来都没有教导说，一旦我们得救后与基督联合，就会发现严重的罪已成为过去。正相反，重生的状态会让我们更深地认识到我们的罪有多不当。成为信徒之后，我们会比以前更厌恶罪，对罪也更敏感。信主后我们确实会继续犯罪，而且有时会犯大罪。这就是为何基督要作中保的原因。神借着他激励我们不要放弃。是的，作为基督的门徒，我们常常失败。但是他作我们的中保，超

---

[2] John Bunyan, *The Work of Jesus Christ as an Advocate,* in *The Works of John Bunyan,* ed. G. Offor, 3 vols. (repr., Edinburgh: Banner of Truth, 1991), 1:169.

越了我们的罪。他中保的角色比我们的失败更有说服力。一切都在他的看顾之下。

当你犯罪的时候,要记得你能合法地站在神面前是因着基督的工作;但你还要记得,在神面前你有一位中保,因基督的心意如此。他借着自己的受难与死亡起来为你辩护。你的救恩不只是一个救赎公式的问题,更是一个救援者的问题。当你犯罪的时候,他救你的决心就更加坚定。当他的弟兄姊妹软弱跌倒时,他就作他们的中保,**因为他本性如此**。他不忍心任凭我们自谋出路。

想想你自己。你生命中那些无人知晓的阴暗面,你觉得耶稣会持何种态度?过度依赖酒精。一次又一次发脾气。你的灰色收入。习惯性地讨好人在人看来或许是友善,但你知道这是因为你惧怕人。背后指责人以发泄你隐藏已久的怨恨。对色情成瘾。

在这些属灵的阴暗面,耶稣**是**谁?我们不是问在你胜过罪之后他是谁,而是问在你陷入罪中时他是谁?使徒约翰说:基督会起来,抵挡一切的控告者。班扬写道:"撒但先说,基督后说。当我们的中保求告之后,撒但必定无言以对。"[3]基督

---

[3] Bunyan, *Works of John Bunyan*, 1:194.

第九章 一位中保

是我们的保惠师,是安慰我们的保护者;他离我们很近,比我们所知的更近,而且他的心是这样的,他是在我们犯罪时起来为我们辩护,而非我们胜罪之后。从这个意义来说,是他的中保工作让我们得以胜罪。

的确,没有哪个健康的基督徒会否认,我们蒙召是为要离弃罪。当我们选择犯罪时,我们就离弃了我们作为神儿女的真实身份,就把痛苦带进了自己的生活,也得罪了父神。当我们与神同行、更真实地奉献、更顺服神时,我们就蒙召活出更成熟、更圣洁的生命。但当我们不这样做的时候,当我们选择犯罪时,尽管我们离弃了真实的身份,但我们的救主并没有放弃我们。正是在这些时刻,他向我们大发热心,在天上再次做我们的中保,大有能力地为我们辩护,使一切控告归于无有,这些都令天使惊叹不已,并颂赞天父对我们完全接纳,纵使我们一败涂地。

这一教义会给基督徒带来怎样的影响呢?

堕落的人会自然而然地为自己辩护。这是我们的本性。自我免罪,自我保护。孩子在做坏事被抓住的时候,我们无须教他们如何为自己找借口。他们里面会立即启动一种自然而然的内在机制,来解释为什么这真不是他们的错。我们堕落的心会本能地编造理由说,我们的情况没那么糟糕。这种堕落不仅表现在我们的罪中,也表现在我们对罪的回应上。我们轻忽罪的严重性,找各样借口为自己辩解。总而言之,我们必会为自己辩护，哪怕只能心里想想。我们一心要作自己的中保。

如果我们永远不需要自己作中保，因为有人已经代我们行了这事，会怎么样呢？如果那位中保完全知道我们有多么败坏，却能提供更好的辩护呢？如果这位中保不像我们那样推卸责任或找借口，而是全然公义，指向他在十架上代替我们所献上的完全祭物和受苦，会怎么样呢？我们会得着自由，不再为自己辩护，不再靠自己的努力来提升价值感，虽痛苦地意识到自己的劣势和软弱，却不会暗暗在人前悄悄展示自己的美德。我们可以将一切完全交给基督，就是那独一的义者。

对此班扬的总结相当精彩：

> 基督为我们付上了宝血的赎价；除此以外，基督作为元首，已经为我们胜过了死亡和阴间；除此以外，基督作为祭司，为我们在天上代求；但这些还不是全部。我们里面仍然有罪，摆脱不掉，我们所做的一切事情不论出于宗教还是惯例，都夹杂着罪；不只我们的祷告和讲道、我们的听道和传道，还有我们的房子、商店、买卖和床铺，都沾染了罪。
>
> 就连那昼夜与我们为敌的魔鬼，也不停地将我们的恶行告诉天父，妄图使我们永远无法继承神的基业。
>
> 但如果我们没有中保，没有那位愿意为我们求

情的人，没有那位全然得胜、忠心履行中保职责的人，会怎样呢？唉！我们只有死路一条。

但既然我们已经蒙他救赎，就当用手捂口、闭口不言。④

不要轻忽罪的严重性，不要找借口，也不要为自己辩护。只需要来找已经在天父右手边的那位，让他因自己的伤痕来为你作中保。把你黑暗和绝望中的不义带到耶稣基督这位义者面前，因他里面有全然的光明和丰富。

---

④ Bunyan, *Works of John Bunyan*, 1:197.

第十章　基督的荣美

爱父母过于爱我的，不配作我的门徒。（太10:37）

1740年夏天，爱德华兹针对教会中年龄从1至14岁的孩子特别讲了一篇道。想象一下，这位伟大的神学家在马萨诸塞的北安普顿的书房中，思考该对教会里的6岁、8岁和10岁的孩子们说些什么。他用优美的花体字写了12页讲稿。在第一页页眉他写道："献给孩子们，1740年8月。"

你觉得这位美国历史上伟大的神学家会对教会里的孩子们说什么呢？爱德华兹所讲的要点是："孩子们当爱主耶稣基督，胜过爱世上的一切。"[①]

[①] Jonathan Edwards, "Children Ought to Love the Lord Jesus Christ Above All," in *The Works of Jonathan Edwards, vol. 22, Sermons and Discourses 1739–1742,* ed. Harry S. Stout and Nathan O. Hatch (New Haven, CT: Yale University Press, 2003), 171.

他的讲道经文是《马太福音》10章37节:"爱父母过于爱我的,不配作我的门徒。"这次讲道很短,大约15到20分钟。其中爱德华兹列出了六个原因,说明为什么孩子应该爱耶稣胜过爱生活中的一切。第一个原因是:

> 没有比基督心中的爱更伟大、更奇妙的爱了。他喜悦怜悯;他随时愿意体恤那些在苦难和痛苦中的人;他喜悦看到受造物幸福快乐。基督所显出的爱和恩典胜过世上一切,就仿佛太阳远比蜡烛更耀眼一样。父母对自己的孩子常常充满慈爱,但这与耶稣基督的爱相比相去甚远。

爱德华兹鼓励教会的孩子们爱基督胜过爱世上一切,他说的第一件事就是基督的心。在这篇讲道以及他所有的著作中,他不同于古德温和其他神学家,将我们引向了另外一个方向。当他论到基督的心时,总是强调基督慈心的美好可爱。这值得我们花一章篇幅来探讨。

再来看看爱德华兹说的:"没有比基督心中的爱更伟大、更奇妙的爱了。"

第十章 基督的荣美

人天生就向往美好的事物。我们会被美的事物征服。爱德华兹深深了解这一点,而且他还发现这种对美的向往也存在于属灵的世界中——事实上,爱德华兹说,其他的美都是这种属灵之美的反映或影子。在他整个的事工生涯中,他都试图以基督的荣美来吸引人们,而1740年8月他在教会里对孩子们讲道时也是这样做的。在这篇讲道的最后,他说:"神里面一切可爱的,都在基督里,而人里面一切可爱的或者能成为可爱的,也都在基督里;因为他既是人也是神,而且他最圣洁、最温柔、最谦卑,在各个方面都堪称楷模。"②

任何能成为可爱的都在耶稣里,因为"他最圣洁、最温柔、最谦卑,在各个方面都堪称楷模"。《马太福音》11章29节中说基督柔和谦卑的话,是基督对自己内心的描述。换句话说,基督温柔的心令他变得荣美;或者说,基督最吸引我们的是他心里的柔和谦卑。

在今天的教会里,我们常常提到神的荣耀和基督的荣耀。但是,吸引我们、让我们胜过罪并成为光明之子的是神的何种荣耀呢?是神的至大、由宇宙的无限联想到造物主的全能,或者感受到神超越的荣耀,吸引我们寻求他吗?不,爱德华兹说,吸引我们的是基督内心的可爱。他说,正因为"瞥见基督的神圣之美,使人的意志被折服,人心完全被吸引;正因为瞥见神伟大的属性,人完全降服下来。"但我们最需要的不是看

---

② Edwards, *Works*, 22:172.

见神的伟大,而是看见他的良善。若只是看到他的伟大,"人心里对神的仇恨和抵挡也许丝毫没变,依然顽梗;但是,人一旦瞥见神的道德和属灵的荣耀,以及耶稣基督的至高恩慈,他心里会被照亮,就能胜过和消除各样抵挡,使灵魂借着一种无所不能的力量归向基督。"③

吸引我们到神面前来的是耶稣的荣美。爱德华兹在另一篇讲道中说,当罪人和困苦人到基督面前时,"他们寻找的那一位极其美好、可爱"。因为他不仅"极其威严、完全圣洁、行在光中",而且这威严"与他最甜美的恩典相结合,并以温柔、谦卑、慈爱为衣"。④

耶稣"满心接纳他们"。他们虽然犯罪,却惊讶地发现,他们的罪让他更愿意时刻将他们拥入心怀。"让他们没想到的是,他张开双臂拥抱他们,准备永远忘记他们一切的罪,好像他们从未犯罪一样。"⑤

换句话说,当我们来到基督面前,会惊喜地发现他的慈心何等美好。这份惊喜就是吸引我们寻求他的原因。

---

③ Jonathan Edwards, "True Grace, Distinguished from the Experience of Devils," in *The Works of Jonathan Edwards, vol. 25, Sermons and Discourses, 1743-1758*, ed. Wilson H. Kimnach (New Haven, CT: Yale University Press, 2006), 635.

④ Jonathan Edwards, "Seeking After Christ," in *The Works of Jonathan Edwards, vol. 22, Sermons and Discourses, 1739-1742*, ed. Harry S. Stout and Nathan O. Hatch (New Haven, CT: Yale University Press, 2003), 289.

⑤ Edwards, *Works of Jonathan Edwards*, 22:290.

第十章 基督的荣美

我们思想过基督的可爱吗?

当我们想到基督时,脑海中自然而然出现的也许不是"美好"的概念。也许我们想到的是关乎神和基督的真理,而非美好。但我们之所以关心教义是否全面,只是为了持守神的荣美,就好像我们之所以关心一架照相机上镜头的聚焦效果,只因想要精确捕捉到各样美景。

愿耶稣的荣美能吸引你到他面前来!他一面严厉斥责不悔改之人,一面以我们无法想象的敞开胸怀来拥抱悔改之人。他带我们进入光明的草场,感受神的爱。他吸引被藐视和被厌弃的人带着舍己的盼望来到他脚前。他公平正直,不偏不倚,合宜应对,从不反应过度,不找借口,也不乱发脾气。他的心因想念那些困苦穷乏人而悸动不已,他和他们一同受苦,使他们在苦难中大得安慰。他心里柔和谦卑。

愿基督使你看到他的温柔,也看到他的可爱。如果我说"**爱慕**耶稣的心",那么我想表达的是,当思想他的心、恋慕他。为何不让你的生活变得从容安静一些呢?加上其他的属灵操练,你便可以思想他本体的光辉,思想何为他内心的驱动力,何为他最深的喜悦。何不给你的灵魂一点空间,让自己一次次重新爱上基督呢?

当你看到教会中那些荣耀的老年圣徒时，你觉得他们是如何做到的呢？除了持守纯正的教义，肯定还有坚定的顺服，当然也有受苦却不愤世嫉俗。但也许还有其他原因，也许这才是最深层的原因：随着时间的推移，他们已经深深地爱上一位温柔的救主。也许，他们多年以来总会有这样的惊喜，他们的罪令基督切切想念他们，而不是厌弃。也许他们不仅知道耶稣爱自己，而且也感受到了。

结束本章之前，我们不能不提到我们生活中的孩子们。爱德华兹告诉他认识的孩子们说："没有比基督心中的爱更伟大、更奇妙的爱了。"那么今天的我们如何用自己的方式告诉孩子们这件事呢？

对那些我们在教会里打招呼的孩子，他们需要什么？我说的是最深的需要。是的，他们需要朋友，需要鼓励，需要学业帮助，需要健康的饮食。但是，什么是他们最真实的需要呢？当这些需要都无法满足时，什么能支撑他们、滋养他们的心呢？难道不是感受到耶稣对他们的吸引吗？明白他对他们到底有何感受？

面对孩子，我们做父母的责任是什么？这个问题可以有一百种正确答案。但是，我们的核心工作是要让孩子们知道，

第十章 基督的荣美

即使是我们最好的爱，也只是更伟大的爱的影子。简单说来，我们要让他们无法抵挡基督的温柔，也难以忘怀。我们的目标是，孩子年满十八岁离家后，余生不会认为基督会因着罪和苦难厌弃自己。

这也许是我父亲给我的最好的礼物。可以肯定的是，在我们成长的过程中，他教导我和我的弟兄姐妹纯正的教义——这是当今福音派家庭忽视的事实，实在令人痛心。但他还教我了一些比神的真理更深刻的东西，即神的心，这已显明在基督这位罪人之友身上。父亲让我明白了基督的荣美。他不是强迫我信，而是吸引我相信。如今我们也有这样的特权，找到新方法吸引我们身边的孩子们去认识耶稣的心。耶稣渴望靠近罪人和困苦人，这不仅是正确的教义，也吸引人来寻求他的面。

第十一章　基督的情感

> 耶稣看见她哭,并看见与她同来的犹太人也哭,就心里悲叹,又甚忧愁。(约 11:33)

有些基督徒会说,很难完全理解基督论中的一条教义,即基督人性永存。他们常常以为,神的儿子从天降临,道成肉身成为人,在地上生活了三十多年,然后回到天上,恢复到他道成肉身之前的样子。

但这种基督论就算不是异端,也是一种错谬。神子成了人,就永远不会脱去自己的人性,他成了人,而且永远为人。基督升天教义的意义在于:他带着从坟墓里复活的肉身升上高天,而这肉身反映了他完全的人性。当然,他永远有神性。但是他一旦具备人性,就永远不会终结。海德堡要理问答(the Heidelberg Catechism)说:"在天上也将有我们的肉身。"(49问)

基督人性永存这一真理带给我们的启示之一是，当我们从四福音中看到道成肉身的基督对罪人和困苦人的感受、情感和关爱时，**我们便知道，对今天的我们而言耶稣仍然是人**，他并没有回到道成肉身前的脱离肉身的神性状态。

神子的肉身是真实、丰满、完整的。事实上，耶稣比世上任何人都更像一个真正的人。古代异端欧迪奇主义〔Eutychianism，又称基督一性论（Monophysitism）〕认为，耶稣是人和神的混合体，是介于神人之间的第三种独特存在——这种异端思想在主后451年的第四次迦克墩（今日的土耳其）大公会议遭到谴责。会议颁布的迦克墩信经（the Chalcedonian creed）认为，基督是"完全的神与完全的人"，而不是两者的简单组合。不管成为人（以及成为无罪的人）意味着什么，耶稣过去和现在都是人。而情感是人的重要组成部分。我们的情感会因堕落而不再健康，正如人堕落后他的每个部分都不能幸免一样。但是情感本身并不是堕落的后果。耶稣具有我们所有的各种情感（来2:17，4:15）。①如加尔文所说："神子自己披上肉身，同时也拥有了人的情感，以致他与自己的众弟兄并无不同，只是他没有犯罪。"②

伟大的普林斯顿神学家华腓德（1851-1921）在1912年写

---

① B. B. Warfield, *The Person and Work of Christ* (Oxford, UK: Benediction Classics, 2015), 137-38.
② 约翰·加尔文，《约翰福音注释》，吴玲玲译，华夏出版社，2015年8月。

第十一章 基督的情感

了一篇著名的文章,名为"论我们主的情感生活"("On the Emotional Life of Our Lord")。其中,他探讨了福音书所揭示的基督的内心生活,并称其为基督的"情感"生活。华腓德所指的并非我们通常理解的那种"情绪"——那种失衡、应激式、不健康、受感觉支配的情感。他是指耶稣的**感受**。而当他思想基督的情感时,他反复提到基督内心深处的情绪波动是如何产生的。

那么,我们从四福音中看到的耶稣的情感生活是怎样的呢?敬虔的情感生活是什么样的呢?一方面,它是一种完全平衡、合宜、有节制的内在生活;但另一方面,它也指长阔高深的情感。

华腓德回顾了福音书中耶稣的不同情感。我们要探讨其中的两种:怜悯和忿怒,以进一步认识基督的心。

华腓德对基督生命中特殊情感的研究如下:

> 因为耶稣一生都在施行怜悯,而且他的服侍以行善著称,以致他的门徒将这总结为他周流四方,行"善事"(徒10:38),所以我们应该会很自然地发现,他最常有的情感必定是"怜悯"。事实上,

这正是他最常有的情感。③

接着，他引述了基督怜悯人的具体例子。他始终都试图帮助我们认识到，在耶稣怜悯行为的背后，他内心激荡着对不幸之人的同情。当瞎子、瘸子和困苦人哀求耶稣时，"他内心对他们产生了一种深切的怜悯，这怜悯也体现在他外在的行为上；但是这个用于描述救主回应的词强调的是……他情感本性中深刻的内心活动。"④ 比如，当听到两个瞎子请求看见（太20:30-31）或者麻风病人想得洁净（可1:40）时，或者只是看见（没有听到任何请求之前）一位悲伤的寡妇（路7:12）时，"我们的主就大发慈心，怜悯他们"。⑤

上述所有例子都表明，耶稣的行为是出于同样的内心（太20:34；可1:41；路7:13）。形容这种内心的希腊文是"*splanchnizo*"，它常被译为"有怜悯（to have compassion）"。但是，这个词不是指一时的怜悯；而是指一种深刻的情感，仿佛你里面翻动沸腾着的各种感受和渴望。这个词名词形式的字面意思是指人的内脏和心肠。

华腓德特别深刻地阐释了这种怜悯的含义，以帮助我们理解耶稣的所是和他内心的情感生活。他整篇文章都在思考这样

---

③ Warfield, *Person and Work of Christ*, 96.
④ Warfield, *Person and Work of Christ*, 97-98.
⑤ Warfield, *Person and Work of Christ*, 98.

第十一章　基督的情感

一个事实,即耶稣是地上唯一的完全人;那么,我们应该如何理解他的情感生活以及他的怜悯之情呢?华腓德帮助我们认识到,基督的情感超越了我们的情感,而且比我们的更深刻,因为他是真正的人(而非神人混合体),而且是完全的人。

举个例子也许能说明问题。我还记得几年前我走在印度班加罗尔(Bangalore)街头。那时,我在一个镇上的教会刚讲完道,正等车来接我。一出教会大门,我就看见了一个老人,他显然无家可归,坐在一个大纸箱子里。他的衣服又破又脏,牙齿也掉了几颗。最让人难过的是他的手。他大部分手指头都脱落了,很明显不是因为受伤,只是随时间的推移被腐蚀掉了。显然他是一个麻风病人。

那一刻我这个堕落污秽、常常迷失的人心里涌出的是什么?怜悯,多少有点吧!但这怜悯只是一时的,稍纵即逝。堕落毁掉了我和我的一切,包括我的情感。堕落的情感不仅指出于罪的过度反应,也包括出于罪的反应迟钝。为什么我会对这位可怜的老先生如此冷漠呢?因为我是个罪人。

那么,对一个无罪的、情感正常的人来说,当他看到这个麻风病人的时候,会作何感想呢?罪辖制了我的怜悯;那么不受辖制的怜悯是怎样的呢?

耶稣的感情就是这样,完全且不受罪的辖制。他心里必然会出现什么感觉呢?那种完全的怜悯是什么样的呢?我不是指神赐旧约先知的启示,而是指透过一个真实的人所展现出来的怜悯。如果这人现在在天上但仍然是人，用这种完全的怜悯注视着我们这些属灵的麻风病人，他心间流淌出来的爱不像我们的情感那样受罪恶的自我中心之辖制，那会怎样呢？

他不仅有怜悯，还有完美的忿怒。那么完美的忿怒是什么样的呢？

这也许是华腓德这篇颇具影响力的文章的主要贡献。它或许能反映出你在研究基督心的过程中所产生的疑问，即强调基督心里柔和谦卑，强调他对人的深切怜悯，如何与我们在福音书看到的那些描述他忿怒的经文相调和呢？如果我们只关注他的柔和，那么我们是否在毫无意义地以偏概全呢？他不是也会发怒吗？

想想华腓德在开始探讨耶稣的忿怒时说了什么。他指出，道德完美的问题不仅关乎分辨善恶，而且关乎主动地弃恶扬善，之后他又写道：

> 因此，一个有道德的人看到恶时不可能漠不关心、无动于衷。准确来说，我们所说的有道德的人能分辨善恶，并对善恶做出适当的回应。因此，忿怒也是这人表达自己的方式；面对邪恶，这种情感

第十一章 基督的情感

不可或缺。⑥

华腓德的意思是，一个像基督那样道德完美的人如果**没有忿怒**，那他就是自相矛盾的。也许我们觉得，强调基督的怜悯就会忽略他的忿怒，强调基督的忿怒就会忽略他的怜悯。但我们必须看到，两者是并存的关系。一个没有怜悯的基督永远不会对身边的不公义、残酷、人类的野蛮，甚至是来自宗教精英的邪恶感到忿怒。绝对不会。"他里面既有怜悯，也有忿怒。"⑦父亲对女儿的爱越深，在女儿遭苦待时就越会愤怒到极点。

让我们通过下面的逻辑三段论来思考耶稣的忿怒。

前提一：道德良善意味着愤怒地抵挡邪恶。
前提二：耶稣是道德良善的楷模；他在道德上是完美的。
结　论：耶稣愤怒地抵挡邪恶，比任何人都更愤怒。

是的，耶稣对那些使他百姓犯罪的人发出严厉的谴责，要将他们沉在深海里（太18:6）。这不是因为耶稣喜欢折磨坏人，而是因为他爱自己的百姓。正因他灵魂中满是爱，而非幸灾乐祸地苛求公义，他才发出如此可怖的灾难预警。

---

⑥ Warfield, *Person and Work of Christ*, 107.
⑦ Warfield, *Person and Work of Christ*, 141.

同样地，《马太福音》23章通篇都是主耶稣宣告对文士和法利赛人的审判——是什么引发了如此可怕的谴责？因为他关心那些被受人尊敬的宗教精英们误导和苦待的人。这些听从律法师的人被迫承受了"难担的重担"（太23:4）。这些蒙爱的百姓就像文士和法利赛人一样，"作地狱之子……还加倍"（太23:15）。简单来说，文士和法利赛人是有罪的，因为公义先知的血要归在他们头上（太23:34-35）。他们对神百姓的心与耶稣的心正相反。他们想要利用百姓来尊崇自己；而耶稣却盼望服侍百姓，为要造就他们。耶稣多次愿意聚集百姓在他翅膀的荫下，好像母鸡把小鸡聚集在翅膀底下保护他们（太23:37）。

那么将做买卖的人赶出圣殿又是怎么回事呢？这么做可不太温柔。它跟耶稣的心有何关系？事实上，经文告诉我们，耶稣自己做了鞭子（约2:15）。想象一下，他在那里编来编去，安静地制造武器，并用它凶悍地赶走做买卖的人，推翻他们的桌子。但为什么他要这么做呢？因为他们滥用圣殿。这是神的家，罪人本可以来这里献祭，享受和神的相交，得神的喜悦和恩典。这是祷告的场所，是神人之间蒙福交流之地。这些兑换银钱的人才是真正推翻圣殿的人——他们推翻了这个认识神、看见神的圣殿，把它变为一个赚钱的场所。

我们要说的是，没错，基督过去愤怒，而且现在仍会愤怒，因为他是个完全人，他的爱如此强烈，以至于无法对罪冷眼旁观。这义怒反映了他的内心，他温柔的怜悯。但正因如此，他最容易发怒，而且他的忿怒也最强烈——所有这些都不掺杂一丝一毫的罪。

福音书中关于基督义怒最明显的例子是《约翰福音》11章的拉撒路之死。这里，33节和38节用于描述耶稣内心状态的动词都有极度愤怒之意。"耶稣走近拉撒路的坟墓，心中不是无法控制的悲伤，而是无法抑制的忿怒……那让他撕心裂肺因而大声疾呼的情感是公义的狂怒。"⑧华腓德继续探讨了拉撒路事件在整卷《约翰福音》中所起的作用。请注意他是如何将这些与基督的心联系起来的：

> 他心里怒不可遏……死是他发怒的对象，而耶稣来世上要消灭的就是死后掌死权的那位。他眼中噙满同情的泪水，但这还不是最重要的。他的灵魂充满忿怒……因此拉撒路的复活不是一件孤立的神迹奇事，而是……一个耶稣胜过死亡和阴间的关键事例和公开标志。
>
> 约翰为我们……揭示了耶稣的心，因他为我们赢得救恩。耶稣代我们击溃仇敌时，他不是漠不关心，而是满怀对敌人的烈怒。他不仅救我们脱离罪

---

⑧ Warfield, *Person and Work of Christ*, 115.

的辖制；而且在我们受辖制时，他还感同身受，并与我们同在，而在这些感受的驱使下，他做成了我们的救恩。⑨

对于不悔改的人，他是狮子；而对于悔改的人，就是那些受逼迫的、敞开的、饥饿的、渴望的、忏悔的、降卑的人，他是羔羊。他满怀公义的忿怒，恨恶一切临到你们的恶。回想一下，《以赛亚书》53章说基督担当了我们的痛苦和忧患（赛53:4）。他不仅代替我们受罚，经历了我们永远不会经历的事情（咒诅）；也与我们同受患难，经历了我们经历的一切（苦难）。你悲伤时，他也悲伤。你痛苦时，他也痛苦。

今天你发怒了吗？我们不要太快就认定发怒是罪。毕竟，圣经明确要求我们该发怒的时候要发怒（诗4:4；弗4:26）。也许你有发怒的理由。也许你被人得罪，而唯一合适的回应就是发怒。请放心：**耶稣也和你一样愤怒**。他和你一同发怒。事实上，他比你自己受到伤害时更生气。你的怒气只是他义怒的影子。他发怒与你不同，他发怒不会犯罪。当你想到那些亏负你

---

⑨ Warfield, *Person and Work of Christ*, 117. 关于《约翰福音》11章中基督完全释放出人性中的情感，还可以参考加尔文的注释书，他显然不同意奥古斯丁的观点，但他很可能赞同华腓德的观点：加尔文，《约翰福音注释》。

第十一章 基督的情感

的人时,让耶稣为你发怒吧!你可以信赖他。因为这忿怒是因他怜悯你。福音书中的他看到人受苦害时感到愤慨,他现在在天上看见你受苦害时也同样感到愤慨。

因此,请饶恕那些得罪你的人吧!让基督不仅借着他的怜悯来洗净你,而且向你保证,他会和你一起愤怒抵挡一切苦害你的事,尤其是死亡和阴间。

第十二章　温柔的朋友

税吏和罪人的朋友。（太11:19）

有一种了解基督内心的方式是从朋友的角度出发。他就好比我们永远的朋友。

这种认识基督的方式在过去更为普遍。本章我们会思考清教徒关于与神友谊的主题，但我们无须追溯历史或者询问基督徒作家就知道，在今天即便是人与人之间的友情都匮乏得可怜，也许男性之间尤甚。弗吉尼亚联邦大学的历史系教授理查德·加德比尔（Richard Godbeer）通过研究大量的书信证实，与殖民地时期美国男性间丰富、健康、非性爱的感情相比，当今男性间的友情已经变得相当淡漠了。①

---

① Richard Godbeer, *The Overflowing of Friendship: Love Between Men and the Creation of the American Republic* (Baltimore, MD: John Hopkins University Press, 2009).

但如果任由周遭世界借当前文化为我们定义友情的重要性，那么我们不仅会在人的层面失去一个对人类繁荣至关重要的因素，而且更糟糕的是，我们无法享受到与基督相交的友情。

关于和基督的友情，最引人注目的一段话恰好在我们研究过的指导性经文《马太福音》11章28至30节之前。在《马太福音》11章19节中，耶稣引述了那些控告他之人的话，他们轻蔑地称呼他为"税吏和罪人的朋友"（即当时文化中最卑劣之罪人的朋友）。正如福音书中常常出现的那样——比如当魔鬼说"我知道你是谁，乃是神的圣者"（可1:24），或者当撒但承认基督是"神的儿子"（路4:9）——最清楚他是谁的不是他的门徒，而是他的敌人。虽然人们称他是"罪人的朋友"，但对那些承认自己有罪的人来说，这个标签会带来一种无法形容的安慰。耶稣是罪人的朋友，只有那些不承认自己是罪人的人才会无视这一事实。

基督是罪人的朋友意味着什么呢？至少意味着他喜欢花时间与他们相处，还意味着他们能感受到他的接纳和安慰。请注意，《路加福音》15章一系列比喻的开始有一句话："众税吏和罪人都挨近耶稣，要听他讲道。"（路15:1）在《马太福音》11章中，耶稣因为和两类人成为朋友而遭控告；而在《路加福音》15章中，也正是这两类人无法离开耶稣。他们在他身边觉得很放松。他们发觉他有些不同于常人的地方。其他人都

第十二章 温柔的朋友

与他们保持一定距离,但耶稣却特意接近他们,并带给他们活泼的盼望。实际上,他正在将他们拥入怀中。

思考你自己的人际关系圈。毫无疑问,你的朋友圈子可能大小不一,就像靶子上一个个直径不一的同心圆,逐渐缩小至圆心。在生活中,有一些人我们知道名字,却与他们没什么交情。还有一些人我们有些交情,但可能不是密友。继续缩小朋友圈子,我们中一些人有幸有一两个特别亲密的朋友,他们真正了解我们,明白我们,并且我们都喜欢和对方在一起。对许多人来说,神赐给我们配偶,成为我们地上最亲密的朋友。

当然,即便只是想想这件事,我们心里也会隐隐作痛。有些人不得不承认,自己没有一个真正的朋友,一个我们无论遇到什么问题都可以找而不会被拒绝的朋友。在我们的生活中,有谁能让我们有安全感——那种真正的、足够的安全感,可以对他**畅所欲言**呢?

福音的应许及整本圣经所传递的信息乃是这样:**在耶稣基督里,我们有一位朋友,他永远喜悦与我们同在,从不拒绝我们**。这位良伴全然接纳我们,不管我们现在洁净还是污秽、是吸引人还是惹人厌、是忠心向神还是摇摆不定。我们能在主观上感受到他的亲切友善,正如客观上他对我们称义的宣告一样永不改变。

难道我们大多数人都不承认吗？即便是最好的朋友，我们也不太愿意对他们敞开生活中的一切？我们喜欢他们，甚至深爱着他们，和他们一起度假，当众称赞他们——但在内心最深处，我们并不能真正地将自己**交托给**他们。甚至在我们的婚姻中，我们和配偶在某种程度上是朋友，但我们的心灵却无法像身体那样容易对彼此敞开。

如果有个朋友在你朋友圈的圆心，你知道他永远不会厌烦你分享的事，哪怕是你最糟糕的一面，会怎么样呢？人所有的友情都有一个可承受的极限。但如果有个朋友没有限度呢？为了和你在一起，他甘愿承受一切呢？"无论什么样的友情，也无论何种程度的友情，都能在基督里找到。"薛伯斯写道。[2]

想想《启示录》3章对复活基督的描述。他（对一群"困苦、可怜、贫穷、瞎眼、赤身的"基督徒，17节）说："看哪，我站在门外叩门，若有听见我声音就开门的"——基督要做什么？——"我要进到他那里去，我与他，他与我，一同坐席。"（20节）耶稣要到你这里来——与那个困苦、可怜、贫穷、瞎眼、赤身的你——一同坐席。花时间和你在一起。更加了解你。和好友在一起，你不需要总是用语言来填补沉默的空

---

[2] Richard Sibbes, *Bowels Opened, Or, A Discovery of the Near and Dear Love, Union, and Communion Between Christ and the Church*, in *The Works of Richard Sibbes*, ed. A. B. Grosart, 7 vols. (repr., Edinburgh: Banner of Truth, 1983), 2:36.

第十二章 温柔的朋友

白。你们可以亲密相处，静静享受彼此的陪伴。"相互交流是一切真友谊的灵魂，"古德温写道。"与朋友亲切交谈，最令人心觉甘甜。"③

在这里，我们不可过于强调耶稣的人性。他不只是一位朋友。在《启示录》中的前几章里我们看到，基督的形象如此震撼，以至于约翰仆倒在地，像死了一样（启1:12-16）。但我们也不能忽视耶稣的人性，他渴望与人建立关系，这是复活的基督亲口说的。他并没有等你主动来开启他心门；他已经站在门外叩门，想要进到你这里来。而我们需要做什么呢？薛伯斯说："我们的责任是接受基督的邀请。我们若不和他同席，还能为他做什么呢？"④

然而，一位真正的朋友不仅仅会寻找你，他还让你去寻找他，而他也向你敞开自己，没有任何保留。你是否注意到耶稣在《约翰福音》15章称自己的门徒为"朋友"的特别含义呢？在即将走向十架前，耶稣告诉他们："以后我不再称你们为仆人，因仆人不知道主人所作的事；我乃称你们为朋友，因我从

---

③ Thomas Goodwin, *Of Gospel Holiness in the Heart and Life*, in *The Works of Thomas Goodwin*, 12 vols. (repr., Grand Rapids, MI: Reformation Heritage, 2006), 7:197.

④ Sibbes, *Bowels Opened*, 2:34.

我父所听见的，已经都告诉你们了。"（约15:15）

耶稣向他的朋友启示了自己最深的旨意。他说，父对他所说的话，他不是告诉他们一些，而是告诉他们所有、没有隐瞒。他完全接纳他们，欢迎他们来找他。爱德华兹在讲道中这样说：

> 在基督里，神允许像你这样渺小、可怜的人到他那里，与他在爱中相交，并且常常以爱相连。你可以去找神，告诉他你多么爱他，敞开心门，他就必接纳……他从天而降，按神的旨意成为人的样式，为要亲近你，成为你的同伴。[5]

同伴是朋友的同义词，它特别指想与你一同旅行的人。当我们在这广阔无垠的世界中行走天路时，我们有一个坚定而忠

---

[5] Jonathan Edwards, "*The Spirit of the True Saints Is a Spirit of Divine Love,*" in *The Glory and Honor of God: Volume 2 of the Previously Unpublished Sermons of Jonathan Edwards*, ed. Michael McMullen (Nashville, TN: Broadman, 2004), 339. 爱德华兹说："世上没有一个人能像基督那样与基督徒有如此亲密的关系；他是我们的朋友，也是我们最亲密的朋友。*The Works of Jonathan Edwards, vol. 10, Sermons and Discourses 1720-1723*, ed. Wilson H. Kimnach (New Haven, CT: Yale University Press, 1992), 158. 在爱德华兹那篇最著名的名为"基督的超越性"（"The Excellency of Christ"）的讲道中，他30多次提到基督是我们的朋友。*The Works of Jonathan Edwards, vol. 19, Sermons and Discourses 1734-1738*, ed. M. X. Lesser (New Haven, CT: Yale University Press, 2001), 21.

第十二章　温柔的朋友

实的朋友。

在本章我想说，基督不仅用全然接纳来治愈我们害怕被拒绝的感觉，用他的温柔纠正了我们关于他严厉的错觉，改变了我们关于他冷漠的想法，让我们认识到他对我们的怜悯，而且还用他完全的陪伴治愈我们的孤独。

在薛伯斯的《著作集》（*Works*）第二卷中，他谈到耶稣基督是我们的朋友到底有何意义。尤其值得注意的是，他总结了基督与他子民之间友情几方面的共同点。这就是"相互的关系"；换句话说，友谊是一种双向的关系，是同辈间那种喜乐、安慰、敞开的关系，不同于王和仆人或家长和孩子之间的那种单向关系。可以肯定，基督的确是我们的主，是统管我们的那一位，任何忠心顺服他的人都值得尊敬。薛伯斯在思想基督的友情时，明确提醒我们注意这一点，（"他既是我们的朋友，也是我们的王。"⑥）但同样地，还有一点也许对我们来说不那么明显或直观，神儿子降卑自己意味着，他以我们的方式接近我们，为了他和我们彼此的喜乐而与我们成为朋友。

看看薛伯斯是如何谈论基督与我们的友情的：

> 友谊以相互认同，看法、喜好一致为基础。对彼此的好恶有共鸣……
>
> 友谊中有自由；朋友之间可以自由交流，可以

---

⑥ Sibbes, *Bowels Opened*, 2:37.

> 分享秘密。所以,基督告诉我们他的秘密,我们也可以告诉他……
>
> 友谊中有相互的安慰。基督以他对教会的爱为乐,而教会也以对基督的爱为乐……
>
> 友谊中有相互的信任和尊重。⑦

你看到上述句子中的共同点了吗?请注意"相互"或"彼此"的词出现在基督友情的各个方面。关键在于他与我们同在,作为我们中一员,与我们有相同的生活经历;朋友之间的爱和安慰,我们在与基督的关系里也能享受到。简言之,耶稣以人的样式与我们建立关系。他的友情不是一个抽象的概念;他是一位真正的朋友。

一个人一旦和基督成为朋友,那么他与人之间的友谊就无关紧要了,这么说未免残酷了些。神造我们是要我们与他人交往,同心合意。每个人都会感到孤独,内向的人也不例外。

但基督的心对我们而言意味着,他永远不会辜负我们,不管地上有没有我们喜欢的朋友。他与我们的友情能触及我们那不为人知的痛苦。虽然这痛苦不会完全消失,但若我们与耶稣

---

⑦ Sibbes, *Bowels Opened*, 2:37.

更深的相交，就可以忍受它。他陪我们走过春夏秋冬。他知道被朋友背叛的痛苦，而他却永远不会背叛我们。他甚至不会冷冰冰地迎接我们。他不是那样的人，他的心也并非如此。

> 他的友情甘甜如蜜，在任何处境中都不改变……如果其他朋友辜负了我们，因为人类的朋友也许会辜负我们，但这位朋友却永远不会。如果我们不以他为耻，他就永远不会以我们为耻。如果我们能从朋友这个称呼中得到安慰，那么我们的生活将会多么安舒！这友情能带来安慰、使人得着丰盛的生命，且永不改变。[8]

---

[8] Sibbes, *Bowels Opened*, 2:37. 古德温对神圣友谊的论述相当精彩，但他的论述主要指与神的友谊，而非特别指与基督的友谊，所以我在本章中跳过了他的论述。*Gospel Holiness,* in *Works,* 7:186-213, esp. 7:190-97; cf. 7:240.

第十三章　为何是圣灵

我要求父，父就另外赐给你们一位保惠师。（约 14:16）

这是一本关于基督的书，他是神子，是三一真神的第二位格。不过，我们必须谨慎，不要给人造成这样的印象：我们对基督的认识与对圣灵和圣父的认识不一致。事实上，子"在肉身显现，却体现和表达了圣父、圣子、圣灵的全部心意。"①

因此，我们各用一章来查考圣经中基督之心与圣灵的关系及其与圣父的关系。在本章中我们将探讨圣灵，而下一章我们将探讨圣父。

圣灵的功用是什么？他到底能做什么？对此圣经给出了许

---

① Thomas Goodwin, *A Discourse of Election,* in *The Works of Thomas Goodwin,* 12 vols.(repr., Grand Rapids, MI: Reformation Heritage, 2006), 9:148.

多有理有据的答案。圣灵：

- 使我们重生（约3:6-7）
- 叫我们知罪（约16:8）
- 用各样恩赐装备我们，赐我们能力（林前12:4-7）
- 在我们心里见证，我们是神的儿女（加4:6）
- 带领我们（加5:18，25）
- 使我们多结果子（加5:22-23）
- 赐给我们复活的生命，并帮助我们成长（罗8:11）
- 帮助我们治死罪行（罗8:13）
- 当我们不知如何祷告时，为我们代祷（罗8:26-27）
- 引领我们明白一切的真理（约16:13）
- 使我们越来越像基督（林后3:18）

这些都是荣耀的真理。在本章，我想再补充一条：**圣灵使我们能真实感受到基督对我们的心。**

这一点与前面列出的圣灵的工作稍有重复。但我们有必要明确圣灵与了解基督的心到底有何关系。在本章中，我再次借鉴古德温的教导来陈明一个观点：圣灵使基督的心成为事实：让我们不只风闻，而是真正看见；不只看见，而是感受到；不只感受，而是享受。圣灵将我们在圣经中读到的、在书中所信的关于耶稣之心的内容，由理论变为事实，由教义变为经历。

第十三章 为何是圣灵

作为孩子,你知道父爱你是一回事。你相信他,也相信他的话。但投入他的怀抱,感受他的温暖,靠在他胸前倾听他的心跳,立即意识到他用双臂紧紧保护着你,则是另一回事,虽然无法言说却更加真实。风闻他爱你是一回事,而真切感受到他的爱则是另一回事。这就是圣灵荣耀的工作。

在《约翰福音》14至16章里,耶稣指出圣灵的工作是他自己工作的延续。他说自己离世后会赐下圣灵,这是对他子民更好的祝福。值得留意的是,在16章里耶稣在表达这一观点时的思路:

> 现今我往差我来的父那里去,你们中间并没有人问我:'你往哪里去?'只因我将这事告诉你们,你们就满心忧愁。然而我将真情告诉你们,我去是与你们有益的。我若不去,保惠师就不到你们这里来;我若去,就差他来。(约 16:5-7)

圣灵来能为我们带来什么益处?阅读这段经文可以知道,他来是要纠正一些错误的事。那么错误的事是什么呢?"你们就满心忧愁。"(约16:6)显然,圣灵要做的工作正与此相反：使他们满心喜乐。圣灵以喜乐代替忧愁。

门徒满心忧愁，因为耶稣就要离开他们了。他待他们如友，敞开心扉接纳他们，将他们放在心上，因此他们以为耶稣离开意味着他会变心——但圣灵却使耶稣身虽离开却对他们心意依旧。在耶稣离世升天之后，他对子民的心借着圣灵依然如故。

在思索《约翰福音》16章的这段经文时，古德温一语道出耶稣对门徒教导的精髓所在："我父与我仅有一位密友，就是圣灵，他住在我们里面，又出于我们。如今时候到了，我要差他到你们那里……他将成为比我更好的保惠师……他将比我在地上时更能安慰你们。"为何这样说呢？"你们若愿意听从他，不让他担忧，他就会告诉你们我爱的故事……他在你们心中的一切言语，都是为了推进我的工作，加增我对你们的关注和喜爱，而这正是他喜悦做的。"②接着，古德温又指出这与基督之心的关联：

> 这样你们必会快快得着我的心，就如我与你们同在一样；而他将会继续破碎你，要么借着我对你们的爱，要么出于你们对我的爱，或两者都有……他要告诉你们，虽然我身在天上，但我与你们之间

---

② Thomas Goodwin, *The Heart of Christ* (Edinburgh: Banner of Truth, 2011), 18-19.

的连结是真实的，我对你们的爱，就如我父对我的爱一样真实、诚挚。我的心不可能离开你们，就如我父的心不会离开我一样。③

你思考过圣灵这种特殊的工作吗？

记住，圣灵是有位格的。比如他会担忧（赛63:10；弗4:30）。在实际生活中，若我们这样看待他会怎样？当我们心里被圣灵吹入温暖的火焰时，我们敞开心扉接受基督的爱，又是怎样的？这里我们要牢记一点，我们在圣灵的帮助下所感受到的基督的爱，永远不会超过基督实际爱我们的程度，也不可能超过。圣灵只是让我们对基督真爱的领悟更接近它的本质。坐在观众席上的人不用担心用双筒望远镜看球赛会把球赛放大，它不过让球员看起来更接近他们的实际身高。

耶稣曾说他"心里柔和谦卑."（太11:29）。这句话是何等的优美动人，即使没有圣灵的工作，它也令人油然起敬，甚至令人惊叹。然而，圣灵会将基督所说的话内化于个人的性情中。它将菜谱变为实际的美味佳肴。这就是古德温的意思。当耶稣在地上生活时，我们看见、听见所有关于他慈心的事，在他升天之后就成为他子民可感知、可经历的事实。当保罗在《加拉太书》里说"神的儿子……他是爱**我**，为**我**舍己"（加2:20）时，他所说之事若离了圣灵就无人能说。

---

③ Thomas Goodwin, *The Heart of Christ*, 19-20.

因此保罗在另一处经文里说:"我们所领受的,并不是世上的灵,乃是从神来的灵,叫我们能知道神开恩赐给我们的事。"(林前2:12)根据这节经文,要明白圣灵的功用,我们必须牢记,"**知道**"一词的希腊文"*oida*"并非只是理性上的理解。这个词确实有"知道"的意思,而由于这种说法在圣经认知论的语言中很常见,因此这里的"**知道**"是指完全知道——不仅是理性上理解,还包括更多。它是指一种由实践而来的认知,就像你在一个晴朗无云的夏日,站在阳光下向天仰望,知道太阳是温暖的一样。保罗是在说,神将圣灵赐给我们,是让我们可以深深经历神心中无限量的恩典。经文里的"开恩赐给"是希腊文"恩典"(*charis*)一词的动词形式(*charizomai*)。圣灵最喜欢做的就是,借着我们心里因蒙恩所得的认识唤醒、安抚、劝慰我们。

总的来说,圣灵的功用是将我们对基督的理性认识变为一种实际的经历。从前我们只是头脑中知道基督心里切切想念我们,而如今我们坐在溪水边,躺卧在青草地上,沐浴着他的爱,享受着与他相交的真实经历。当我们重生时,圣灵便一次做成了这事。但此后他又无数次这样做,因我们总是因罪、愚昧或是无所事事而罔顾他的心。

第十四章　发慈悲的父

> 发慈悲的父，赐各样安慰的神。（林后1:3）

"有一件事至关重要，就是当我们思想神的时候，头脑中有着怎样的想法。"陶恕（A. W. Tozer）在其著作《智慧的开端：认识至圣者》（*The Knowledge of the Holy*）的开始这样写道。[①] 要了解研究基督之心的目的，有一种方法是试图让我们心中神的形象更准确。我正努力帮助大家摒弃人天然的、堕落的直观认识——以为神遥不可及、吝啬小气，并逐步认识到他心里柔和谦卑。

但我们研究的对象是神子，那么天父呢？用陶恕的话来说，我们是不是应该把子看成是柔和谦卑的，而认为父与子不同呢？本章将为我们解答这个疑问。

[①] 陶恕，《智慧的开端：认识至圣者》，姜延华译，上海三联书店，2017年3月出版。

主流的新教救赎论向来认为,透过子的工作,神的公义得着彰显,愤怒得着平息。基督透过自己的生平、受死与复活,不是为了树立一个道德榜样,也不只是为了击败撒但和彰显圣爱。最重要的是,子的工作特别是他的死与复活,平息了天父对人类可憎的叛逆而发的义怒。父的怒气止息了。

这并不是说父对子民的态度不同于子的。基督徒普遍认为,的确,至少从某种程度上来说,父不像子那样愿意爱人、饶恕人。

但圣经的教导并非如此。

那么我们该怎样理解父的忿怒需要平息,而子为了平息这忿怒做了所需之工的事实呢?这是否真的表明父和子对我们的态度大不相同呢?

关键是要明白,从律法上无罪的角度来说,父的怒气必须平息,才能让罪人重新蒙他悦纳;不过,从内心渴望和情感的角度,他与子同样渴望赎罪之事发生。客观上,父的怒气要止息;主观上,他与子心意相通。如果我们基于**客观**需要得出他主观意愿如何的结论,那就大错特错了。清教徒常说,父和子在永恒的过去已达成一致,他们要一同拯救一个犯罪的族群。神学家们称之为"**救赎之约**"(pactum salutis),意指三一神在创世之前达成的共识。父不是比子

第十四章　发慈悲的父

更难说服。正相反,父所定的救赎之路与子成就的救赎之工都出自同样的爱心。②

随后我们将看到,旧约对耶和华神的描述与耶稣在新约中所说的"心里柔和谦卑"是一致的。现在,我们要思考新约关于天父的教导。我们以《哥林多后书》1章3节为钥节,使徒保罗用这句敬拜的话作为全书的开篇语:

> 愿颂赞归与我们的主耶稣基督的父神,就是发慈悲的父,赐各样安慰的神。

"发慈悲的父"。在《哥林多后书》开头,保罗为我们开了一扇窗,让我们了解到当**他**想到神时浮现在他脑海里的是什么。

是的,父神公义正直,如永活的磐石。若没有这样一条教义,没有这样一个保证,我们就别指望有一天所有错误都将得

---

② 例如弗拉维尔在 The Works of John Flavel, vol 6.(Edinburgh: Banner of Truth, 1968), 1:61,对圣父与圣子关于拯救罪人的"对话"有一段感人至深的描述。感谢我的父亲雷·奥特伦(Ray Ortlund)让我注意到弗拉维尔的这段话。还可以参考古德温的作品 Man's Restoration by Grace。这是一本小册子,勾勒出三一神在救赎工作中的不同角色,以及他们相互间达成一致。Thomas Goodwin, The Works of Thomas Goodwin, 12 vols. (repr., Grand Rapids, MI: Reformation Heritage, 2006), 7:519–41.

到纠正。但父的心是怎样的呢？他内心最深处的意念是什么？从他生的是什么？是慈悲。

他是发慈悲的父。正如父亲所生的孩子与自己相像一样，天父发慈悲也反映了他的本性。在天父和慈悲之间有一种家族独有的相似性。他是"慈悲之父，胜过被称为罪恶之父的撒但。"③

在圣经中，"慈悲"（*oikteirmon*）一词出现过五次。其中一次是《雅各书》5章11节，"满心怜悯"与"大有慈悲"构成了同义平行句："你们听见过约伯的忍耐，也知道主给他的结局，明显主是满心怜悯（*polusplanchnos*），大有慈悲（*oikteirmon*）。"在十一章里我们提到，希腊文用来表示耶稣深切怜悯的词是"*splanchnizo*"（内脏），可以看出它与《雅各书》5章11节里"怜悯"（*polusplanchnos*）一词的词根相同。但后者的含义更为丰富；它包含一个前缀（*polu-*），意为"许多"或"极大的"。经文说，主"满心怜悯"。说主满心怜悯，或者说他有极大的怜悯，就等于说他是发慈悲的父。

称父神为"发慈悲的父"，就是说他以丰盛的怜悯对待那些有缺乏的、任意妄为的、混乱堕落的、偏离真道的子民。在谈到基督对他子民的爱时，古德温从论述子的心很自然地过渡到天父的心。

---

③ Goodwin, *Works*, 2:179.

第十四章 发慈悲的父

> 他爱我们,并不勉强,不是因为父吩咐他要娶我们为妻,所以他只好竭力忍耐;不是的,爱是他的本性,他的性情……对他来说,这性情是完全自由的,是自然而然的;否则他就不是神儿子了,也没有效法他的天父。而对父来说,发慈悲是自然而然的,但刑罚却不是这样,因这是他非常的工。但他喜悦发慈悲,因他是"发慈悲的父",他自然而然地生发出慈悲。④

为什么说发慈悲是神"自然"之工,而刑罚是他"非常"之工呢?我们将会在下一章里继续探讨这个问题。但目前我们只需要注意,古德温帮助我们理解"发慈悲的父"这一称呼的方式,就是圣经带我们了解父神内心最深处的方式。三一神的真实含义不是指父注重审判,而子注重爱。父与子原为一,因此他们心意相通;毕竟他们是一位神,而非两位。他们心中都满有救赎的爱,及不能妥协的公义和忿怒,但这公义已得着满足,他们的忿怒也已平息。

古德温对父神慈悲的探讨还有很多。他这段对《哥林多后书》1章3节的思考读来十分贴切:

---

④ Thomas Goodwin, *The Heart of Christ* (Edinburgh: Banner of Truth, 2011), 60.

> 神有诸般丰盛的慈悲。正如我们的心与魔鬼是种种罪恶之父一样，神是各样慈悲之父。没有一样罪或者苦难神不会发慈悲。他有丰盛的慈悲。
>
> 正因受造之人会遭遇种种苦难，所以神里面会有一间店铺，一个装满各样慈悲的宝库，按圣经的应许进行分类。这些应许就像是宝库里的盒子，里面装着丰富的慈悲。
>
> 如果你心里刚硬，他的慈悲是柔和。
>
> 如果你的心死了，他的慈悲会使它活过来。
>
> 如果你病了，他的慈悲是医治。
>
> 如果你犯罪了，他会慈悲地洁净你，使你成圣。
>
> 我们需要多少，他的慈悲就有多少。这样，我们便可以坦然无惧地来到他面前，寻求他的恩典与怜悯，作随时的帮助。他将心中一切的慈悲都放在应许之园中，好使各人按需支取。他无限的慈悲，能医治灵魂一切的疾病。[5]

当我们想到神时，出现在脑海里的是什么？神是三位一体的神，是无限慈悲的泉源。在我们一切的需要、失败和彷徨中，

---

[5] Goodwin, *Works*, 2:187–88. Cf. Goodwin, *Works*, 2:180，又引述《哥林多后书》1 章 3 节说："他是诸般慈悲的泉源，因此他本性如此，正如父亲生的儿女一样。"

第十四章　发慈悲的父

神以各样的慈悲怜悯我们，满足我们，丰丰富富地供应我们。这就是神，父不亚于子，子也不亚于父，因父与子本为一体。

除我们已知的特殊时刻外，天父温柔地看顾着我们的一切，管理着我们生活中的每个细节。他主宰着每一片树叶掉落的特殊角度和吹落叶片的微风（太10:29-31），也主宰着邪恶之人引发的灾祸（摩3:6；路13:1-5）。而我们生活中所发生的一切事情，无论大小，都本于、依靠和归于父的心。

父神是谁？是我们的天父。我们中间有些人的父亲非常尽职，但也有些人受到父亲可怕的虐待，甚至遭到无情遗弃。无论怎样，地上父亲的良善只能稍微体现出我们天父真正的良善；而地上父亲的丑恶则是天父形象的反面教材。他是所有人的父，所有人类父亲都从他得名（弗3:15）。

在《约翰福音》14章，腓力求耶稣将父显给门徒看（约14:8）。耶稣回答道："我与你们同在这样长久，你还不认识我吗？人看见了我，就是看见了父，你怎么说'将父显给我们看'呢？我在父里面，父在我里面，你不信吗？"（约14:9-10）。

"人看见了我，就是看见了父。"

新约的另一处经文称基督为"神荣耀所发的光辉，是神本体的真像"（来1:3）。耶稣就是神本性的化身，是神形象的体现。他是那不可见之神的像（林后4:4、6）。通过他，我们看见天上永恒的心意披上肉身行走于这个时空里。一旦了解了基督的心，我们就会发现，四福音书自始至终都在说神自己最深切的怜悯与柔情。

当你思想神对你的心时，要记住一点：他是发慈悲的父。他温柔待你，毫无保留。他加倍施恩，满足你一切的需要，没什么是他不愿做的。清教徒弗拉维尔这样说："要牢记，这位掌管万物的神正是你的父，他远比你温柔。"⑥你对自己远不及天父对你那样温柔。他的温柔远超过你自己的。

基督心里柔和谦卑，而这正是天父的完美写照。"父自己爱你们。"（约16:27）

---

⑥ John Flavel, *Keeping the Heart: How to Maintain Your Love for God* (Fearn, Scotland: Christian Heritage, 2012), 57.

第十五章　他的"自然"之工与"非常"之工

他并不甘心使人受苦……（哀3:33）

现在我们翻到旧约。我们已经探讨了基督的心及新约中天父的心，那么这和旧约所论述的神的心有何关系？

我们将用几章篇幅围绕旧约阐述；在最后几章里，我们将再次回到新约来结束本书。

在本章以及接下来的三章里，我想说明的是，当耶稣向我们揭示他内心至深处是柔和谦卑时，他遵循了神在整本旧约对自己启示的自然轨迹。耶稣让我们得以看见神的所是，不过这并非全新的内容。四福音书本身也表明，旧约为我们预备了一位"温柔"的救主（太21:5）。①道成肉身的子并没有将

---

① 《马太福音》21章5节的"温柔"一词的希腊文引自《撒迦利亚书》9章9节的预言："你的王来到你这里……**谦谦和和**地骑着驴"。这与《马太福音》11章29节里耶稣说自己"柔和"的希腊文"*praus*"相同。

我们对神的认识引向一个新的方向。他只是以前所未有的血肉之躯应验了千百年来神一直在说服他子民相信之事。正如加尔文所说,旧约是神启示的影儿,真实但却模糊;而新约则是实体。②

当我们透过旧约来思考神的心时,《耶利米哀歌》3章是一个很好的出发点。

《耶利米哀歌》是圣经中最引人注目的一卷书,它将深刻的情感与其难以理解的文字结合在一起。作者(可能为耶利米)在神面前倾心吐意,哀叹耶路撒冷在公元前587年被巴比伦人摧毁,及其对随之而来的饥饿、死亡和绝望的恐惧。为此他写下了五篇结构巧妙的诗歌,表现出极高的文学造诣。这一点只要查阅英文圣经中的诗律就能看出。虽然直到《耶利米哀歌》写成后的几个世纪,人们才加入了章节数,但我们现代圣经中的这种划分方法确实体现出这卷书原本清晰的结构。请注意,在这卷书的五章经文里,头两章与末后两章的经文各有二十二节;而中间第3章的经节数是其余几章的三倍——六十六节。每一章单独来看都是一篇结构精巧的哀歌。

---

② 约翰·加尔文,《基督教要义》第二册,钱曜诚等译,生活·读书·新知三联书店,2013年10月。

第十五章 他的"自然"之工与"非常"之工

鉴于这卷书的整体结构，我们知道它的高潮是3章33节。这节经文处于这卷书的正中间，是全书的主旨句，也是《耶利米哀歌》这卷书的精髓。

这节经文到底说了什么？它根据神终会怜悯与复兴的保证，得出如下神学思想：

> 因他并不甘心使人受苦、使人忧愁。

这节经文包含一个隐含前提和一个明确声明。隐含前提是：神确实是使人受苦的那一位；明确声明是：受苦并非神的本意。

必须完全满足隐含的前提条件，明确的声明才能成立。当谈到神甘心做或不做的事，我们不是在更多限制神的至高主权。诚然，在一定程度上我们相信神在一切苦难中掌权；那么我们可以得着安慰，因为他并不甘心使人受苦。

因此，首先我们要牢记神的绝对主权之美，他统管万事，无论好**坏**。踢伤的脚趾、有毒的常春藤、背后说坏话的朋友、长期酸痛的颈椎、不愿公开维护我们的老好人上司、淘气任性的孩子、凌晨两点呕吐、抑郁症的无尽困扰。《比利时信条》（Belgic Confession）在关于神护理的教导中，对神统管万有的阐述非常精彩，其中的部分内容如下：

> 这一教义带给我们的安慰无法言谕，因为它教

导我们，没有任何事情是偶然临到我们的；相反，我们所遭遇的一切都是出于我们极其恩慈的天父的安排，他慈父般的关怀眷顾我们，一切受造之物都处于他的权能之下，没有我们天父的旨意，不管是我们的一根头发（因为它们都被数算过）还是一只麻雀，都不会落在地上。（第13条）

在《耶利米哀歌》中，这种对上帝主权观的直接表述几乎随处可见。举例来说，在第3章中我们发现，当作者讲述神亲手加在以色列身上的一切骇人灾祸时，一节节经文都是以"他"字开头的（哀3:2-16）。

不过，这卷书的神学主旨是，神"并不甘心"降下这些苦难。

《耶利米哀歌》带我们进入神的内心深处。统管和命定万事的那一位虽然允许苦难进入我们的生活，却是他所不情愿的。他情愿我们经历痛苦后终得益处；这才是他允许苦难临到的真正缘由。尽管如此，他也心存不忍。痛苦本身并非他的本意。他不是一股纯粹的精神力量，操纵着天上的杠杆与滑轮，对我们从他手中经受的真实痛苦无动于衷。当他允许苦难进入

第十五章 他的"自然"之工与"非常"之工

我们的生活时，他——倘若我能不质疑他完全的神性——的内心是矛盾的。神确实允许巴比伦人横扫耶路撒冷，为要惩罚以色列人的任意妄为。神给他们的正是他们当受的。然而在他的内心深处，他仍愿意发慈悲复兴他们。

对此古德温解释说：

> 我的弟兄啊，虽然神是公义的，但从某些方面来讲，神的怜悯比他表现出来的所有公义行为本身更自然，我指的是那种惩罚性的公义。这些公义行为满足了神的一个属性，他与罪人相遇，也与罪人同在。然而他心里产生了一种强烈的情感，经文是这样描述的；有些事的发生与他的本性相矛盾。"我断不喜悦恶人死亡"（结33:11）——也就是说，我不愿意只是为了高兴才做这些……神施行公义是为了更高的目的，而不仅仅为了刑罚本身。有些事的发生非他所愿。

> 然而，当神论到自己发慈悲并表明这是他的本性时，他说自己是尽心尽意的。这事本身就是他所喜悦的，他一点不勉强。

> 因此，在《耶利米哀歌》3章33节里，神论到惩罚时说"他并不甘心使人受苦、使人忧愁"。但论到发慈悲时，神说他会像《耶利米书》32章

> 41节所述的那样,"要尽心尽意、诚诚实实"。因此,在《以赛亚书》28章21节里,施行公义的行为被称为神"非常的工"和"奇异的事"。但当神论到发慈悲时,他说他喜欢施恩与人,尽心尽意、诚诚实实。③

这里,古德温引用了其他几节经文——如在《耶利米书》32章41节,神论到他的复兴工作时说:"我必欢喜施恩与他们,要尽心尽意、诚诚实实将他们栽于此地";以及《以赛亚书》28章21节将神审判的行为称为"非常的事"和"奇异的工"。古德温将这些经文与《耶利米哀歌》3章33节联系起来,藉此描绘出圣经对神内心的启示——即神喜悦做什么,他最自然的反应是什么。慈悲对他来说是自然而然的,而惩罚是他非常的行为。

在有些人眼中,神敏感脆弱,很容易动气;在另一些人眼中,神的心冷漠刚硬,不易被感动。但旧约向我们展示了一位神,他的心与人类对他本性的固有看法完全相反。

这里我们必须谨慎。神的一切属性都是不容置疑的。如果神不再公义,那他就不再是神了;同样地,如果他不再良善,那么他也不是神。当神学家们谈到神的纯一性时,他们的意思

---

③ Thomas Goodwin, *The Works of Thomas Goodwin*, 12 vols. (repr., Grand Rapids, MI: Reformation Heritage, 2006), 2:179–80.

第十五章 他的"自然"之工与"非常"之工

是神不是一系列属性的总和,不像一块馅饼可以分成好几片;神的每一种属性都是完美的,每一种属性在神里面都是完全的。他既公义,又会发怒,他也是良善的,诸如此类。他的每一种属性都无限完美。

甚至当论到神内心的问题时,我们在圣经开篇就看到它的复杂性。创世之后,神所做的两大决定都与他的心有关:除灭地上一切有血肉的活物,仅留挪亚一家(创6:6);接受挪亚所献的祭,决定不再以洪水毁灭全地(创8:21)。显然,神也足够复杂,可以照自己的心既做出审判的决定,也做出施恩的决定。

但同时,我们若完全依照和遵从圣经的见证,就可以得出一个令人震惊的结论:从另一个更深层的角度来看,有些事比其他事更符合他的本性。神的公义永不摇动。不过,神的性情如何呢?他最渴望做什么呢?如果你让我措手不及,那么我在恢复镇定前可能会抱怨你。如果你让神措手不及,那么他最自然的反应则是祝福。他有行善的冲动,渴望以喜乐环绕我们。[4]因此古德温说,神"所有的属性似乎只是为了倾倒他的

---

[4] 关于上帝的纯一性,赫尔曼・巴文克(Herman Bavinck)的解释很有帮助,*Reformed Dogmatics*, ed. John Bolt, trans. John Vriend, 4 vols. (Grand Rapids, MI: Baker, 2003-2008), 2:173-77(中译本参考《改革宗教义学》,圣约福音神学院出版),他认为上帝的纯一性必然意味着他就是"至高的爱"。

爱"。⑤

另一处关键经文是《何西阿书》11章。以色列人在属灵上犯了淫乱的罪，离弃她属天的伴侣，之后神用深情的措辞表达了他对以色列的爱："以色列年幼的时候我爱他"（何11:1），事实上，"我原教导以法莲行走，用膀臂抱着他们……我用慈绳爱索牵引他们……我……把粮食放在他们面前"（何11:3-4）。但尽管神这样温柔看顾，"我的民偏要背道离开我"（何11:7），而且常常拜偶像（何11:2）。

那么神的回应是什么？

> 以法莲哪，我怎能舍弃你？
> 以色列啊，我怎能弃绝你？
> 我怎能使你如押玛？
> 怎能使你如洗扁？
> 我回心转意，我的怜爱大大发动。
> 我必不发猛烈的怒气，
> 也不再毁灭以法莲，
> 因我是神，并非世人；
> 是你们中间的圣者，
> 我必不在怒中临到你们。（何 11:8-9）

---

⑤ Goodwin, *Of Gospel Holiness in the Heart and Life*, in *Works*, 7:211.

第十五章 他的"自然"之工与"非常"之工

在第七章里我们已经读过这段经文。这里我再次提到它,不仅因为它与《耶利米哀歌》3章33节一样,都是我们了解神内心的特别方式,还因为爱德华兹对《何西阿书》11章8节的解释与古德温对《耶利米哀歌》3章33节的评注惊人地相似。爱德华兹写道:"神不愿意以灾祸毁灭任何人或民族,他宁愿他们回转,继续得享安宁。他们若离弃恶道,他必万分喜悦,如此他的忿怒就不再临到他们。他是一位喜爱发慈悲的神,审判则是他的非常之工。"⑥

爱德华兹和古德温二人都遵循着圣经的教导,称发慈悲是神最喜悦的事,而审判是他"非常的工"。

爱德华兹或古德温都是古时伟大的神学家。当我们阅读并思索他们的书时要明白一点,他们并不是为了淡化神忿怒与公义的真理才称审判为神的"非常"之工。

爱德华兹最广为人知的是他的讲章"落在忿怒之神手中

---

⑥ Jonathan Edwards, "Impending Judgments Averted Only by Reformation," in *The Works of Jonathan Edwards*, vol. 14, *Sermons and Discourses, 1723-1729*, ed. Kenneth P. Minkema (New Haven, CT: Yale University Press, 1997), 221. Similarly miscellany 1081 in *The Works of Jonathan Edwards*, vol. 20, *The "Miscellanies," 833-1152*, ed. Amy Plantinga Pauw (New Haven, CT: Yale University Press, 2002), 464-65.

的罪人"（"Sinners in the Hands of an Angry God"），其中他描述了不悔改之人在神怒气中岌岌可危的可怖情形——而他的其他一些讲章如"在对罪人之咒诅中的上帝公义"（"The Justice of God in the Damnation of Sinners"）更令人胆战心惊。他也同样断言"神喜悦怜悯，而审判是他非常的工"。

至于古德温，在1640年《威斯敏斯德准则》（Westminster standards）于英格兰订立之际，他起身发言的次数比其他任何神学家都多（357次）——这份伟大的信仰宣言正确无误，相信地狱存在，肯定神会忿怒。它教导说，现今那些不信基督的人死后，"被抛到地狱，留在黑暗痛苦中，直到大日的审判"（第32条第1点）[7]；而在最后审判时，"那不认识上帝、不顺从耶稣基督福音的恶人，要被扔到永远的痛苦中，离开主的面和他权能的荣光，受永远毁灭的刑罚"（第33条第2点）。这就是古德温的神学观点；在起草这一准则时，他的影响力丝毫不逊于其他人。在他自己的著作中，他直截了当地写下地狱的"最剧烈的痛苦"，在那里"神的忿怒和他的道真的会永远折磨人"，因为神"知道如何最大限度地折磨"那些硬着颈项、不愿悔改的人。[8]

爱德华兹、古德温以及他们所代表的神学流派绝非多愁善感。他们支持、传扬并教导神的忿怒与永远的地狱，是因为

---

[7] 这里采用的是王志勇的译本，下同。
[8] Goodwin, *Works*, 7:304, 305.

第十五章　他的"自然"之工与"非常"之工

他们在圣经中发现了这些教义（仅举一段经文为例：帖后1:5-12）。他们非常熟悉圣经，又一丝不苟地遵行圣经的教导，因此他们还发现了其中关于神所是的一系列教导，即他的心。

而这或许就是他们的影响力久经考验的秘诀。如果有一种讲道或圣经教导让人感受不到神对他善变百姓的心，也没有让人尝到神心中自然流露的恩慈滋味，那么尽管它准确无误，也无法使听众得着生命。而大觉醒期间的清教徒和伟大宣教士们却不是这样。他们知道，神降卑慷慨施恩给百姓，完全是他内心的自然反应。神以恩慈待人，因他是神。

凭着人对神的天然直觉，我们会下结论说，怜悯是神的非常之工，而审判是神的自然之工。但当我们研读圣经时，在从前伟大教师的帮助下，我们明白了审判是神的非常之工，而怜悯是神的自然之工。

的确，他会使世人受苦，使人忧愁；但他并不甘心如此。

第十六章 耶和华,耶和华

是有怜悯、有恩典的神,不轻易发怒。(出34:6)

神是怎样的一位神?

若要从旧约选一段经文来回答这个问题,必定非《出埃及记》34章莫属。在这里,神向摩西启示自己,让摩西藏身磐石穴中,以避开神的荣耀(出33:22)。圣经对这个至关重要的时刻记述如下:

> 耶和华在他面前宣告说:"耶和华,耶和华,是有怜悯、有恩典的神,不轻易发怒,并有丰盛的慈爱和诚实。为千万人存留慈爱,赦免罪孽、过犯和罪恶,万不以有罪的为无罪,必追讨他的罪,自父及子,直到三四代。"(出 34:6-7)

柔和谦卑

除了道成肉身，这或许是整本圣经中神启示的高潮。要证明这一点，一个客观方法是观察旧约其他地方引用这段经文的次数。在摩西之后的众先知一次又一次地引用这两句《出埃及记》的经文，来证明神的所是。其中一次是在我们刚刚思考的经文《耶利米哀歌》3章33节的上下文里。这节经文的前一句形容神是"照他诸般的慈爱发怜悯"（哀3:32），而且它的作者用到了《出埃及记》34章6至7节中几个关键的希伯来词。此外，与《出埃及记》34章相呼应的经文不胜枚举，包括《民数记》14章18节、《尼希米记》9章17节、13章22节、《诗篇》5篇8节、69篇14节、86篇5节和15节、103篇8节、145篇8节、《以赛亚书》63章7节、《约珥书》2章13节、《约拿书》4章2节以及《那鸿书》1章3节。

《出埃及记》34章6至7节不是一段一带而过的描述，也不是一个可忽略的次要真理。它将我们带进神之所是的核心。旧约圣经学者沃尔特·布鲁格曼（Walter Brueggemann）在其著作《旧约神学》（*Theology of the Old Testament*）中特别提到这段经文，称其是"一段对雅威（Yahweh，"上帝、神"一词的希伯来语）极其重要、风格化、自我意识很强的描述，一段经深思熟虑后得出的表述，它可算得上是一种对多次归回的以色列人的规范性声明，配得上'信条'的标签"。[1]

---

[1] Walter Brueggemann, *Theology of the Old Testament: Testimony, Dispute, Advocacy* (Minneapolis: Fortress, 1997), 216.

第十六章 耶和华，耶和华

那么，关于神，以色列人的"信条"是什么？

与我们的想法并不相同。

当你听到"神的荣耀"这个词，会想到什么？是浩瀚无际的宇宙还是云中传来雷鸣般的可怕声音？

在《出埃及记》33章里，摩西求神说："求你显出你的荣耀给我看。"（出33:18）神是怎样回应的？"我要显我一切的恩慈，在你面前经过。"（出33:19）恩慈？神的荣耀不是指他的伟大吗？跟他的恩慈有何关系？显然，并非如此。神继续说，他要恩待谁，就恩待谁；要怜悯谁，就怜悯谁（出33:19）。接下来神告诉摩西，他要把摩西放在磐石穴中，因他的**荣耀**要（又是这个词）经过（出33:22）。耶和华神确实经过了，而且在《出埃及记》34章6至7节将他的荣耀（还是这个词）定义为他的怜悯与恩典：

> ……是有怜悯、有恩典的神，不轻易发怒，并有丰盛的慈爱和诚实。为千万人存留慈爱，赦免罪孽、过犯和罪恶，万不以有罪的为无罪，必追讨他的罪，自父及子，直到三四代。

当我们谈到神的荣耀时，我们是在说神的所是、神是什么样子的、他独特的荣光以及他为何是神。但神自己给出的荣耀定义令我们惊讶。在我们的天然直觉中，他声如雷鸣，挥舞着木槌，喜欢审判，喜欢刑罚我们的任意妄为。然而《出埃及记》的作者拍拍我们的肩膀，让我们跳脱直觉。神喜悦怜悯。他的荣耀就是他的良善，就是他的谦卑。"因耶和华大有荣耀。耶和华虽高，仍看顾低微的人。"（诗138:5-6）

想想《出埃及记》34章6至7节。

"有怜悯、有恩典"。这是神宣告己名（"耶和华"或"自有永有"）后所说的**第一句话**。耶稣只用了两个词来形容自己，即**柔和、谦卑**（太11:29），而神用来形容自己的头两个词就是**怜悯**和**恩典**。他说神的荣耀不是"耶和华，耶和华，严格认真、一丝不苟"，或"耶和华，耶和华，包庇纵容、视而不见"，或"耶和华，耶和华，令人失望又沮丧"。他最深的喜悦和第一反应——他的心——是怜悯和恩典。他谦卑俯就我们，而不是用自己的权柄压制我们。

"不轻易发怒"。这个词在希伯来文中的意思是"长鼻子"。想像一头愤怒的公牛，蹄子刨地，喘着粗气，鼻孔贲张。这是所谓的"短鼻子"。然而，神是"长鼻子"。他不是随时准备扣动扳机。他总是一忍再忍，直至人多次挑衅才会发怒。我们就像是情绪的大坝，随时都有崩溃的可能；而神不像我们，他能恒久忍耐。因此，旧约多次提到神的百姓"惹他发

第十六章 耶和华，耶和华

怒"（特别是《申命记》、《列王记》以及《耶利米书》）。但圣经从未告诉我们说，百姓"惹他去爱"或"惹他怜悯"。被百姓惹怒后，神的怒气才会发作；但他无法抑制自己的怜悯，随时准备施恩于人。但我们却总以为：神强压怒火，一触即发；而他的怜悯却姗姗来迟。恰恰相反，哪怕是最轻微的刺痛，神也会大发怜悯。[2]（透过新约我们知道，对堕落的人来说，情况正好相反。《希伯来书》10章24节说，我们需要激发爱心。而雅威无须别人去激发他的爱心，他只会被罪激怒。我们无须别人来激发怒气，只须激发爱心。再强调一次，圣经一直在试图改变我们对神所是的天然认识。）

"有丰盛的慈爱和诚实"。这是立约用语。"慈爱"（"steadfast love"）一词的希伯来原文是"*hesed*"，指神对百姓的特殊承诺，他甘愿与他们立牢不可破的盟约。"诚实"一词也有此意——他绝不会放弃他们，尽管百姓给了他这样做的种种理由，甚至不愿离弃我们这些只配离弃的人；他也绝不会收回他的爱，而不是像我们一样，常常离弃那些伤害我们的人。因此，神不仅与百姓订立慷慨恩慈的盟约，而且应许赐下**丰盛**的慈爱。他对我们的应许永不动摇。

"为千万人存留慈爱"。这句话也可译成"为千万代存留慈爱"，正如《申命记》7章9节明确指出的："所以你要知道耶和华你的神，他是神，是信实的神，向爱他、守他诫命的

---

[2] 感谢韦德·乌里格（Wade Urig）让我看到这一点。

人守约施慈爱，直到千代。"这并不是说他的良善到第一千零一代就消失了。这是神自己的表达方式：**我对你的应许永无绝期。无论你身处何方，我的恩典和怜悯不会离开你。你无法躲避我的良善。你是我心之所属。**

"必追讨他的罪，自父及子，直到三四代"。这个结语尽管听起来让人难以接受，却至关重要——仔细思考后会带来很多安慰。没有它，前面所说的一切都会让人认为神只会宽容。但神并不是毫无原则，他是宇宙中完全公义的那一位。神是轻慢不得的；我们种的是什么，收的也是什么（加6:7）。罪恶过犯会代代相传，这样的事情随处可见。但请注意神是怎么说的。他的立约之爱存到千代；但他追讨罪恶只到三四代。你能看出其中的不同吗？是的，我们的罪会累及子孙，但神的良善则以不可阻挡之势吞灭我们所有的罪。他的恩慈不仅限于三四代人，而是存到千代。

这就是神。据神自己所说，这就是他的心。

《出埃及记》34章6至7节中的这种不对称性令人震惊。神的怜悯与慈爱是主要的，虽然也有惩罚性公义，但他只是将其作为一种必要的事后考量。约翰·欧文在解释这段经文说：

第十六章 耶和华，耶和华

  当（神）借着他的名郑重申明自己的本性，好让我们可以认识他、敬畏他时，他通过列举一些属性让我们相信他的怜悯与忍耐，直到最后才提及他的严厉，因为他只会对那些藐视他怜悯的人这样行。③

  清教徒明白，在对摩西的启示中，神向我们敞开心扉。在这整本旧约中神的至高启示中，神自己觉得没必要立刻用同样的忿怒表述来抵消他怜悯的表述。相反，就如薛伯斯所说，神谈到自己时，"以甜美的属性为衣"。接着他又指出："我们若知道神的名，又看出神喜悦向我们显现，就当照着神在这里所宣称的来认识他，这些表明了主在福音里的荣耀特别闪烁着怜悯的光芒。"④

  我们对《出埃及记》34章的看法以及欧文和薛伯斯的观点，与圣经其他经文遥相呼应。例如，在《以赛亚书》54章7至8节中耶和华如此说：

---

③ John Owen, *An Exposition of the Epistle to the Hebrews*, in W. H. Goold, ed., *The Works of John Owen*, vol. 25 (repr., Edinburgh: Banner of Truth, 1965), 483.

④ Richard Sibbes, *The Excellency of the Gospel Above the Law,* in *The Works of Richard Sibbes*, ed. A. B. Grosart, 7 vols. (Edinburgh: Banner of Truth, 1983), 4:245.

> 我离弃你不过片时,
> 却要施大恩将你收回。
> 我的怒气涨溢,
> 顷刻之间向你掩面,
> 却要以永远的慈爱怜恤你。

从某种角度来说,基督徒的生活就是一段漫长的旅程,我们对神的天然想象经过岁月的洗练逐渐消失,慢慢被神自己的宣告所替代。这是一项艰巨的工作。需要许多的讲道、许多的磨难,我们才能真正相信神内心深处"有怜悯、有恩典,不轻易发怒"。《创世记》3章里人的堕落不仅令我们受咒诅、遭驱逐,还在我们的头脑里植入关于神的错误想法,我们只有经年累月地蒙受福音的光照才能根除它们。或许今日,撒但在你生活中的最大胜利并不是使你常常沉溺罪中,而是那些关于神内心的错误想法,这些先入为主的想法导致你对神冷淡。

当然,神所是的最终证明不是在《出埃及记》里,而是在《马太福音》、《马可福音》、《路加福音》和《约翰福音》里。在《出埃及记》33至34章里,摩西看见神的面就不能存活,因为他会被烧成灰烬。但假如有一天人可以看见神的面而又不会被烧灭,会是怎样的情形?约翰提到道成了肉身时说,"我们也见过他的荣光"——我们见到了摩西祈求却不得见的事——"充充满满地有恩典,有真理"(约1:14,认为基督与

第十六章 耶和华，耶和华

《出埃及记》34章6节中的神具有完全相同的特质）。

将基督与《出埃及记》33至34章中的神联系起来的福音书作者不只约翰一个。请思考：在《出埃及记》34章的启示之前，是神喂饱百姓的神迹（出16:1-36），以及关于安息日的讨论（出31:12-18）；包括百姓的代表领袖在山上与神交谈（出32:1、15、19，34:2、3、29）；之后这位领袖从山上下来，神的百姓大大害怕，之后逐渐平静，慢慢接近他与他说话（出34:30-31）；紧接着是一个令人惊讶的表述，百姓敬拜的那一位要在他们中间同行（出34:9-10）；此后，神拣选的领袖代表与神之间的再次会面，结果领袖的面皮发光（出34:29-33）。

这些细节在《马可福音》6章45至52节中耶稣在海上行走的经文及其上下文中都有体现。⑤

现在，我们开始明白为什么当门徒在加利利海上辛苦摇橹时，耶稣要"走过他们去"。经文说，耶稣"看见门徒摇船非常辛苦，因为船逆着风走。天快亮的时候，耶稣在湖上朝着

---

⑤ 即耶稣使五千人吃饱的神迹（可6:30-44）；关于安息日的教导（可6:2）；神拣选的领袖代表在山上与神交谈（可6:46）；最后当这位领袖从山上下来后，神子民从起初的害怕到逐渐平静，慢慢接近他，与他说话（可6:49-50）；紧接着是一个令人惊讶的陈述，百姓敬拜的那一位要在他们中间同行（可6:53-56）；此后神拣选的领袖代表与神再次会面，结果领袖的面皮发光（可9:2-13）。读者若想详细了解这些联系，可以参考戴恩·奥特伦的作品，"The Old Testament Background and Eschatological Significance of Jesus Walking on the Sea (Mark 6:45-52)," *Neotestamentica* 46 (2012): 319-37.

门徒走来，想要从他们旁边走过去"（可6:48，现代译本）。为什么他要从他们旁边走过去？耶稣不只要从门徒旁边"走过去"，像在公路上超车那样，他的"走过"极具深意，唯有将其置于旧约背景下才能理解。在《出埃及记》33至34章里，耶和华四次说他要"经过"摩西，《七十士译本》（希腊文旧约）与《马可福音》用的都是"*parerchomai*"一词。

耶和华从摩西面前经过，显明神最深的荣耀在于他的怜悯和恩典。而耶稣来以血肉之躯做成了神在旧约仅以风和声音所做的事。

当我们看见在《出埃及记》34章里耶和华向摩西显明自己最真实的性情时，也就明白这影儿终有一天会被实体——福音书中的耶稣基督——取代。起初我们得到的二维的"道"，将于几个世纪后在人类历史的鼎盛时期显现于我们自己所在的连续性三维时空中。

《出埃及记》34章告诉我们何为神至深的心意。而我们在那位加利利的木匠身上看到，他一生都在见证这就是他的心；接着他走向罗马十字架，代替我们下到阴间成为神所弃之人，以证明自己的心。

第十七章　他的道路非同我们的道路

> 我的意念非同你们的意念。（赛55:8）

本书要传递的信息是，我们倾向于将自己对神所是的天然期待投射到他身上，而不是竭力让圣经中神自己的话来纠正我们。或许关于这一点，圣经中没有哪段经文比《以赛亚书》55章说得更清楚。"当我们觉得神就像我们自己时，"加尔文在解释这段经文时说，"没什么比这更令我们良心不安了。"①

当生活遭遇艰难挫折，基督徒往往会耸耸肩提醒别人说，"他的道路非同我们的道路"——为要表明神用我们意想不到的方式安排万事的护理奥秘。这当然是一个宝贵的圣经真理。不过，我们发现"他的道路非同我们的道路"这句经文出自《以赛亚书》55章。联系上下文来看，它的意思与我们所想的

---

① John Calvin, *Commentary on the Prophet Isaiah*, vol. 4, trans. William Pringle (repr., Grand Rapids, MI: Baker, 2003), 169.

完全不同。它说的不是神的护理出人意外，而是说神怜悯的心出人意外。整段经文如下：

> 当趁耶和华可寻找的时候寻找他，
> 相近的时候求告他。
> 恶人当离弃自己的道路，
> 不义的人当除掉自己的意念，
> 归向耶和华，耶和华就必怜恤他；
> 当归向我们的神，因为神必广行赦免。
> 耶和华说："我的意念非同你们的意念，
> 我的道路非同你们的道路。
> 天怎样高过地，
> 照样，我的道路高过你们的道路，
> 我的意念高过你们的意念。"（赛 55:6-9）

这段经文的第一部分教导我们该怎么做。第二部分告诉我们这样做的理由。在第7节的末尾处（"因为神必广行赦免"）出现了一个转折。但请留意这个推理的过程。

神呼召我们寻找他、求告他，甚至邀请恶人回转归向耶和华。当我们这样做了会如何？神"就必怜恤"我们（赛55:7）。这里采用了希伯来诗歌的平行体："神必广行赦免"（赛55:7）是"神要向我们施怜悯"的另一种说法。当我们发

第十七章 他的道路非同我们的道路

现自己一次次远离天父,离了他的怀抱和引导四处寻找灵魂的平安时,这句经文对我们来说是莫大的安慰。重新悔改回转归向神,无论我们多么羞愧、多么厌恶自己,神都不是勉强自己赦免我们。他必广行赦免。他不只愿意接纳我们,还再次拥我们入怀。

但请注意经文接下来说了什么。第8节和9节带我们更深地了解到这种怜恤与赦免。第7节告诉我们神所做之事;第8节和9节告诉我们神是谁。或者换句话说,神知道,**即便我们一听到他有怜悯赦免就紧紧抓住这应许,我们也忽略了这怜悯和赦免是由他的心发出的**。因此,耶和华继续说:

> 我的意念非同你们的意念,
> 我的道路非同你们的道路。
> 天怎样高过地,
> 照样,我的道路高过你们的道路,
> 我的意念高过你们的意念。

神在说什么?他在告诉我们,我们不能再用旧人的眼光来看待他所表达的怜悯。我们对神的看法必须改变。如果一个七岁的孩子得到父亲送给他的生日礼物后,立刻拿起他的存钱罐,想要把钱如数还给他父亲,我们该对他说什么呢?他父亲心中该会多么痛苦呢?这个孩子需要改变对父亲的看法,了解他父亲喜欢什么。

堕落人类的天然倾向是追求互惠、以牙还牙、人情淡漠、互不相欠。我们对**律法一类的事**执迷不悟，远比我们自己意识到的更糟糕。当然，这种冲动蕴藏着某种健康、值得称道的东西——因我们是按神的形象所造，所以我们渴望秩序与公正，而不是混乱无序。不过，这冲动就如我们身体的各个部分一样，因人犯罪堕落而不再健康。我们对神的认知能力已经丧失殆尽，对神如何看待他子民一无所知。但（再次强调，因为罪的缘故）我们却狭隘地认为，这种关于神所是的观点是普遍正确的——就像一个小孙子看见一张崭新的百元大钞，就断定他的祖父一定非常富有，却不知道与他祖父拥有的数十亿美元的资产相比，这礼物不过是沧海一粟。

因此神明明白白地告诉我们，我们对他所是的天然观念是何等微不足道。他的意念非同我们的意念，他的道路非同我们的道路。而且，我们与他的差距也绝非一星半点。没错，"天怎样高过地"——希伯来语中表达无限空间的说法——"照样，我的道路高过你们的道路，我的意念高过你们的意念。"（赛55:9）在第8节里，神说他的道路与我们的道路不同；在第9节里，神说得更具体，指出他的意念高过我们的意念。这就好像神在第8节说他的想法与我们的大相径庭；而在第9节里，神具体说明他的"意念"（这个希伯来词不仅指"心里一闪而过的想法"，还包括"计划"、"手段"、"用意"、

第十七章 他的道路非同我们的道路

"目的")为何更高、更宏大,因他充满了堕落罪人的天性中所没有的怜悯。

圣经另外还有一处经文也有"天怎样高过地"的说法。在《诗篇》103篇里,大卫祷告说:"天离地何等的高,他的慈爱向敬畏他的人也是何等的大。"(诗103:11)这两节经文——《诗篇》103篇11节和《以赛亚书》55章9节——遥相呼应。[②] 神的道路和意念非同我们的道路和意念,因为他的意念是爱,他的道路是怜悯,超过我们的所思所想。

加尔文这位以教导神的护理而著称的神学家发现,《以赛亚书》55章真正所指并不是神护理的奥秘。他指出,有些人认为"我的意念非同你们的意念"这句话指神与我们之间的绝对距离,表明神的神性与堕落的人性之间有着难以逾越的鸿沟。但加尔文认为,事实上,这节经文的意思恰好相反。没错,神与我们有天壤之别;我们对神心里的意念知之甚少,但神知道他对我们的心不容亵渎,博大宽广、不可战胜。

"因为战兢之人很难消除心中的恐惧,"加尔文解释说。"所以以赛亚从神的本性得出结论,神随时准备赦免,乐意与人和好。"[③] 接着,他转而深挖神在这段经文里告诉我们的核心内容。他先是指出错误的解释,之后说道:

---

② 在希伯来文里,这两节经文几乎一样,只有一个介词的区别,但基本意思是一样的。
③ Calvin, *Isaiah*, 168.

> 但我认为，先知的意思不是这样的。而且根据我的判断，其他解经家的解释更准确，他们以为，先知是在表明神的性情与人的性情截然不同。人们习惯于按照自己的标准来评判和揣摩神；人容易受愤怒的情绪左右，很难平息；因此，他们认为一旦得罪了神，就不可能与神和好。但耶和华表明自己远不像人。④

加尔文这里描述神性情的方式是描述神的心。记住，当我们提到神的心时，我们谈的是他那一触即发的爱、他的天然喜好、他的一贯所是所为。根据加尔文的教导，《以赛亚书》55章告诉我们神的性情是我们堕落天性的"照相底片"。

我们对神圣赦免所带来的大喜乐的认识相当肤浅，这影响到我们对神的认知，却无碍于神的真实本性。"神有无尽的怜悯，乐意完全赦免。因此，若我们没有得到他的赦免，完全是因为我们不信。"⑤

---

④ Calvin, *Isaiah*, 168. 加尔文在解释《诗篇》89 篇 2 节时也说了类似的话："人若不心里信服神，就必不开口称谢神，即使百姓惹动他的怒气，他仍然像慈父一样爱他们。" John Calvin, *Commentary on the Book of Psalms*, vol. 3, trans. James Anderson (repr., Grand Rapids, MI: Baker, 2003), 420.

⑤ Calvin, *Isaiah*, 169. 古德温同样对《以赛亚书》55 章 8 节至 9 节有所思考，见 *The Works of Thomas Goodwin*, 12 vols. (repr., Grand Rapids, MI: Reformation Heritage, 2006), 2:194.

第十七章 他的道路非同我们的道路

神有无尽的怜悯,这一点完全不符合我们的直觉。他何等愿意回应他的子民,只要他们愿意将生命中的失败与残破交托给他。

他与你不同。人类最强烈的爱,也不过是天上倾倒之丰盛的最微弱反映。他切切地想念你,远超你的想象。他意在恢复你受造时的光辉荣美。但这不是说你要靠自己保持圣洁,而是说你要将自己一团糟的生活交给他。他不只是处理我们一生犯罪后剩余的未被破坏的部分。他的大能可以挽回我们过去最糟糕的部分,使之成为未来最荣耀的部分。但我们要将那些黑暗的痛苦交给他。

我们知道神将来会复兴那些不配的人,因为经文接下来又说:

> 你们必欢欢喜喜而出来,
> 平平安安蒙引导;
> 大山小山必在你们面前发声歌唱,
> 田野的树木也都拍掌。
> 松树长出,代替荆棘,
> 番石榴长出,代替蒺藜。

> 这要为耶和华留名，
>
> 作为永远的证据，不能剪除。（赛 55:12-13）

神的意念远高过我们的意念，以致他对悔改的人广行赦免；他决意带领他的子民进入一个如此荣耀的未来，以至于我们自己都不敢想象。这段经文以诗歌体的形式完美地传达了，神对他子民的心随着世代交替渐入高潮，预备在一切事物的尽头显现于人类历史中。我们复兴后，欢欢喜喜地带着这种强大的"属灵力量"奔跑向前，以致受造本身都将爆发出热烈的欢呼颂赞。这就是受造之物热切盼望的盛会（罗8:19），因为它的荣耀与我们的荣耀息息相关，且取决于我们是否得享荣耀（罗8:21）。当神的儿女步入荣耀的未来，得享他们不配有的平安时，宇宙将被洗濯净尽，重新散发出耀眼的光芒和尊荣。

我们怎能这么确定呢？

因为，尽管他的道路高过我们的道路，他的意念高过我们意念，但我们完全意识不到他何等乐意降卑自己住在我们中间。我们在《以赛亚书》后面几章读到：

> 因为那至高至上、永远长存、名为圣者的如此说："我住在至高至圣的所在，也与心灵痛悔、谦卑的人同居；要使谦卑人的灵苏醒，也使痛悔人的心苏醒。"（赛 57:15）

第十七章 他的道路非同我们的道路

根据《以赛亚书》57章15节,那位极其尊贵的神愿意与何人同住?谦卑的人。当耶稣在以赛亚发预言七百年之后出现并启示说他心里"柔和谦卑",他一次证明了,神确实喜悦与柔和谦卑之人同住。他也是如此做的,因他就是这样的人。他的道路非同我们的道路。

第十八章　恋慕的心

> 我的心肠恋慕他。（耶31:20）

《耶利米书》预言的高潮出现在30至33章。学者称这几章经文为"安慰书"，因为神在这几章里向他的子民揭示了他对他们犯罪的最终回应，而这本是他们不配得的。百姓以为自己会受审判，但神却出乎意外地安慰了他们。为什么？因为神将他们放在心上，他们即便犯罪也不能摆脱他的爱。神向他们保证："我以永远的爱爱你。"（耶31:3）

"安慰书"之前的内容是什么？是前29章讲述以色列人丑陋罪行的经文。从开篇几章各取一句代表性陈述为例：

- "至于这民的一切恶……我要发出我的判语攻击他们。"（耶 1:16）
- "我的百姓……离弃我……"（耶 2:13）

- "你的淫行邪恶玷污了全地。"（耶 3:2）
- "耶路撒冷啊……恶念存在你心里要到几时呢？"（耶 4:14）
- "这百姓有背叛忤逆的心。"（耶 5:23）
- "井怎样涌出水来，这城也照样涌出恶来。"（耶 6:7）

在前29章里，这样的经文比比皆是。而在30至33章之后的内容讲述了神对列国的审判。

不过这里，我们可以把处于这卷书中间的《安慰书》看作全书五十二章经文的高潮。或许最能概括这四章的经文是31章20节：

> 耶和华说："以法莲是我的爱子吗？
> 是可喜悦的孩子吗？
> 我每逢责备他，仍深顾念他，
> 所以我的心肠恋慕他，
> 我必要怜悯他。"

"以法莲"是对神百姓以色列人的别称。在整本旧约里，这个词似乎是神对以色列人的一种爱称。神问，以法莲"是可喜悦的孩子吗"？神并非不知答案。这是一句宣告，以温柔提问的形式出现。他的百姓是他的"**爱子**"，更是他"**可喜悦的**

第十八章 恋慕的心

孩子"。你是否相信神会这样称呼你?

"我每逢责备他"——神用了二十九章内容严厉斥责他的百姓——"仍深顾念他。"这里的"**顾念**"并不是指能回想起来。神无所不知。他掌握着所有世代所有事物的一切真理,也拥有同样完全的知识。"顾念"是立约用语,指关系。顾念不是为了替代遗忘,而是为了替代**离弃**。

而后是《耶利米书》中间四章的钥节,其高潮是:"所以我的心肠恋慕他。"

"我的心肠"。还有一个表示"心肠"的希伯来词是"*lev*"(发音为lāve),这是旧约表示"心"的典型的希伯来词(如《耶利米哀歌》3章33节:"他并不甘**心**使人受苦。")但《耶利米书》31章所用的词是"*meah*",它的字面意思是一个人的内脏。因此,较早的译本如《英文钦定本圣经》将其译为"bowels"(肠子)。例如在《撒母耳记下》20章10节里,当约押刺杀亚玛撒时,"刺入他的肚腹,他的**肠子**流在地上"。

神当然没有内脏。这是他用这种方式来表达自己内心深处的本能反应、内心的波动以及最深的情感,我们的情感不过是他情感的影儿——一句话,如经文所说的"他的心肠"。加尔文提醒我们，说神的心或内脏"不太准确"，但这丝毫不会冲淡神真正要表达的"他对我们的爱何其伟大"的事实。①

注意，经文说他的心肠如何？"我的心肠**恋慕**他。"什么是恋慕？它不是祝福、拯救，甚至不是爱。这个希伯来词"*hamah*"的词根指坐立不安或被激动，甚至咆哮怒吼或者狂躁骚动。你看到神是如何启示自己的吗？他在持守什么？他对百姓的爱长阔高深，并没有因百姓的反复无常动摇半分，因为从他心中倾倒而出的是神思念的洪涛。而凡他所愿，无不成就。

因此，"我必要怜悯他"。如果照字面意思来翻译这句话会稍显蹩脚："因为我有怜悯，所以我要怜悯他。"有时候，希伯来文会重复使用一个动词以表强调（前面包含"顾念"的经文也采用了这种语法结构）。神渴望一次又一次拯救那些发现自己深陷罪中的人，这罪详述起来有二十九章之多，而这救赎他们自己无法开始，更不要说完成。

当你**陷入**罪和苦难中时，你认为神是谁？——不是纸上的神，而是你认为是谁在倾听你的祷告呢？他对你有何感觉？他既不冷漠，也不精于算计。他心里恋慕的是你——不是你在社交账号上向身边人展示的自己，也不是你理想中的自己。他恋慕的是真实的你，那个卸下一切伪装的你。要知道，无论我们

---

① John Calvin, *Commentaries on the Prophet Jeremiah and the Lamentations*, vol. 4, trans. J. Owen (repr., Grand Rapids, MI: Baker, 2003), 109.

第十八章 恋慕的心

与主同行多久，无论我们是否读完整本圣经，也无论我们是否为神学博士，我们都不太能接受这一点。神心中涌出怜悯，而我们心中却生出抗拒，不愿接受。冷漠、精于算计的是我们，而不是神。他张开双臂，热情欢迎我们。但我们却推开他，满心抵挡。我们对神内心的天然看法也许是对的，因为我们对自己就很严苛，而且相当固执。这种严苛给人一种道德严肃感。不过，这种对神恋慕心肠的偏离不符合圣经中关于神对待百姓的见证。神在道德上当然是严肃的，比我们严肃得多。但圣经纠正了我们，神不是因我们可爱而心动。神的心证明，我们对他所是的直觉有误。

引述《耶利米书》31章20节之后，古德温推断说，神若是这样，更何况基督。他解释说，当我们的生命中充满各样罪恶时，这段经文"可以带给我们莫大的安慰与鼓励"：

> 让这些软弱的人深感安慰的是，他们的罪使他的怜恤多于忿怒……基督与你同在，他绝不会对你动怒，因他所有的怒气都是针对你的罪所发，为要毁灭它；是的，他对你的怜悯愈发加增，就像一位慈父对待自己患有恶疾的孩子，或者人对待自己身上长了大麻疯的部位，他恨的不是这个部分，因为这是他身上的肉，他恨恶的是疾病，而这也让他愈发体恤那个患病的部位。当我们的罪既得罪了基督，

也伤害了自己，而这也成为他愈发怜悯我们的动机时，他还有什么不能为我们做的呢？②

古德温说，我们对人的怜悯和同情与对人的爱成正比。"对蒙爱之人来说，苦难越大，怜悯也就越多。而罪是所有苦难中最大的"，而且"基督必如此看待罪"。那么基督是如何回应我们生命中的这种丑陋呢？"他爱你这个人，却只恨你的罪，他所有的恨恶都针对罪，为要借着毁灭罪救拔你，但他对你的爱却愈发深厚。当你陷入其他苦难时，也是如此。所以，不要惧怕。"③

我们中有些人将罪与苦难割裂开来。毕竟，我们需要为自己的罪负责，但苦难（至少是大部分）只是我们在世上因堕落所致的遭遇。因此我们往往很难相信，当我们犯罪时，神依然会温柔怜悯，一如我们受苦时。难道他心里在我受苦时比我自己犯罪时更畅快吗？

但请注意古德温的逻辑。如果蒙爱的程度与受苦的程度成

---

② Thomas Goodwin, *The Heart of Christ* (Edinburgh: Banner of Truth, 2011), 155–56.
③ Thomas Goodwin, *Heart of Christ*, 156.

第十八章 恋慕的心

正比，如果罪是我们最大的苦难，那么神向罪中的我们显出的爱也最强烈。是的，如古德温所说，神的确憎恶罪。神对我们的爱加上他对罪的恨恶，等于一种无所不能的确定性，即终有一天他会看到我们完全脱离罪，让我们沐浴在他的喜悦中。

世人正渴望一份恋慕的爱，一种顾念而非离弃的爱。一种与我们是否可爱无关的爱。在我们混乱生活的背后，有一份爱。这爱比我们今天可能遭遇的黑暗更强大。人间最浪漫的爱情在它面前，也不过是苍白无力的呐呐低语。

当耶利米说神的心主观、多愁善感且虚无缥缈时，似乎太过抽象。但请注意，古德温为何可以如此完美地从《耶利米书》中神的心过渡到基督的心？倘若抽象变成了具体，会怎样呢？倘若神的心并非从天上向我们显明，而是显现在地上，会怎样呢？倘若我们不是透过先知的话来了解神的心，而是因为一位先知告诉我们他就是神的道——神想对我们说的话成了肉身，会怎么样呢？

如果《耶利米书》31章20节——"我的心肠恋慕他"——这些话披上肉身，会是什么样子呢？

我们无须疑惑。神的话似乎成了一位中东木匠，他藉着医治、赶鬼、教导、拥抱与赦免，恢复人类的尊严、人性、健康与良知。

现在我们发现《耶利米书》31章20节形成的张力已经解决了，即神的公义与怜悯之间的张力。它贯穿于整本旧约，不断发展，而且越来越尖锐。这里神说"我……责备他"，但他又说"我……仍深顾念他"。责备与爱，公义与怜悯——在此反复出现，正如整本旧约所体现的那样。

然而，在人类历史的顶峰，当父差遣他永远的"爱子"、"蒙爱的儿子"走向罗马的十字架时，他的公义完全得着满足，同时他也赐下完全的怜悯。在十架上，神的确"责备他"，而耶稣基督流出宝血，以无罪的替代有罪的，因此神可以对我们说"我……仍深顾念他"，甚至是在他离弃耶稣时。

透过十字架，我们看见神为满足他对我们的恋慕所做的一切。他做了那么多，而且义无反顾。那份属天的情感在基督受难之时倾倒下来。

你是否轻看了神的心？悔改吧！让他来爱你。

第十九章　丰富的怜悯

然而神既有丰富的怜悯……（弗2:4）

古德温流传下来的著作有五卷，每卷五百多页，字体很小，密密麻麻。而其中第二卷全卷都是在阐释《以弗所书》2章。这卷书由一系列讲章组成，古德温在讲第4节时放慢了速度，单单针对这一节就写了数篇讲章：

> 然而神既有丰富的怜悯，因他爱我们的大爱……

在《以弗所书》2章里，第1至3节阐述了为什么我们需要救恩：因为我们的灵性是死的。第5至6节经文阐述了什么是救恩：神叫我们活过来。但中间的第4节阐述了为什么神要拯救我们。第1至3节经文是问题所在；第5至6节指出解决之道；而第4节说明了为何神真正着手解决问题,而不是任凭我们灵里死亡。

为什么呢?因为神并非少有怜悯,相反,他有丰富的怜悯。

圣经没有在其他地方论及神的丰富。唯一说到神**丰富的**就是他的怜悯。这意味着什么?意味着神并非我们天然认为的那样,意味着基督徒的生活就是一生都要摆脱"良善的神不冷不热"的想法。就公义而言,神是严格的;就怜悯而言,神是丰富的。"他使众人富足;也就是说,他的良善极其丰富,他乐于施恩,他甘愿赐下各样美物,使人得着丰富。"① 正如旧约《耶利米书》31章20节里重复使用了"有……怜悯"这一动词,新约说神"有丰富的怜悯"。

在前几章里,我们探讨了旧约中的种种"先兆"出现在《马太福音》11章29节及四福音的人类历史舞台上。而现在,我们将在最后几章里转向新约。

《以弗所书》2章4节说,"神**既有**丰富的怜悯……"注意,这里是"既有",而非"变得有"。这个表述带我们进入创造主的内心深处,进入天上的至圣所,进入幔内,向我们揭示神的存在及其本性的动力源。"他是一切怜悯的泉源……

---

① Thomas Goodwin, *The Works of Thomas Goodwin*, 12 vols. (repr., Grand Rapids, MI: Reformation Heritage, 2006), 2:182.

这对他而言是自然而然的……这是他的本性或性情，因为每当他施怜悯，都是从心发出。"[2]这就是他为何**喜爱**怜悯的原因（弥7:18）。因此，大卫在向神祷告时坦承，他蒙怜悯是"照你的心意"（代上17:19）。神是怜悯之源。他的怜悯何其丰富！当我们在生活中犯罪时，我们每一次求神怜悯时，他的怜悯只会加增，而非减少。

这怎么可能？因为怜悯就是他的本性。假如怜悯只是他所拥有的东西，而他内心最深处却不愿怜悯，那么他能给人的怜悯就很有限。但倘若他本性就愿意怜悯，那么对他来说，富有怜悯不过是照他的本性而行。对神而言，这不过是做自己。每一次神施怜悯，他都是在做真实的自己。再说一次，这并非意味着神只会怜悯。他也是全然公义、圣洁的。他对罪和罪人发怒完全正确。然而，根据圣经对神的描述，这些道德标准的特征并不能完全反映出他的心。

经文进一步将神丰富怜悯的本性与他的大爱联系起来："**神既有丰富的怜悯，因他爱我们的大爱**……"请思考古德温的话：

> 这里提到一种假设，或说一种质疑，即神会不会离开或抛弃他的任何一个子民？你会发现，神对这种质疑嗤之以鼻，极为愤慨，因他的爱是何其广

---

[2] Goodwin, *Works*, 2:179.

大……他极其厌恶地表示，人们竟然会对神存有这样的想法……他对他的子民满心是爱，以致他不顾任何反对……是的，他的爱如此坚强，以致若有什么控告——若罪或魔鬼随时来控告，只会感动他赐下祝福。他的爱那样强烈，那样坚定，以致他会抓住时机赐下更多祝福。③

当圣经说"**他爱我们的大爱**"时，我们必须明白古德温要帮助我们了解什么。神的爱不是忍受克制，也不是忍耐。虽然神的确忍耐我们，但他的爱比忍耐更深广、更主动。神的爱何等伟大，当蒙爱之人身处险境，哪怕这是因他们自己的愚昧所致，神依然向他们倾倒自己的爱。我们可以从人的层面来理解这一点：当地上的父亲看见自己的孩子受控告或受苦时，他的爱油然而生，哪怕这控告是公义的，哪怕孩子的苦是应得的。一种更新的爱在他心里沸腾不息。

而这正是怜悯的泉源。神爱我们——正如古德温就《以弗所书》2章4节的讲道中多次提到的——一种"不可动摇"的爱。④他的爱油然而生，就赐下怜悯。神心里充满大爱，就涌出丰富的怜悯。

或许这一切看起来有些抽象。怜悯与爱毕竟是相当空洞

---

③ Goodwin, *Works*, 2:176.
④ Goodwin, *Works*, 2:170-80.

第十九章　丰富的怜悯

的概念。它们听起来不错，但当我周一忧郁时，周三沮丧时，周五晚上孤独时、主日早上无聊时，神的怜悯和爱到底意味着什么？

有两种想法或许能帮助我们理解。一种是人需要神丰富的怜悯，一种是神丰富怜悯的具体体现。

首先，我们需要神丰富的怜悯。《以弗所书》的作者并不是无缘无故地写下2章4节。如果把《以弗所书》的六章比作一条大河，那么这节经文就是这条浩瀚大河上的一个转弯处。而在它之前的经文描述的是人灵性死亡的悲惨景象：

> 你们死在过犯罪恶之中，他叫你们活过来。那时，你们在其中行事为人，随从今世的风俗，顺服空中掌权者的首领，就是现今在悖逆之子心中运行的邪灵。我们从前也都在他们中间，放纵肉体的私欲，随着肉体和心中所喜好的去行，本为可怒之子，和别人一样。（弗 2:1-3）

基督蒙差遣不是要医治受伤的人，不是要唤醒沉睡的人，不是要劝告困惑的人，不是要激励无所事事的人，不是要鞭策懒惰的人,也不是要教育无知的人,而是要叫死去的人活过来。

思索这三节经文从总体上带给人的冲击力。保罗谈论罪的方式与我们常用的不同:"我把事情搞砸了"、"我犯了个错儿"、"我力不能胜……"他认为,罪是我们生命中一种方方面面的、包罗万象的、不可阻挡的倾向。我们的罪与其说像是一个健康的人偶尔崴了脚,不如说像是人全身上下疾病缠身——或者完全按照《以弗所书》2章的说法,我们是死的。

我们曾随从撒但而行("空中掌权者的首领"),尽管那时我们一无所知。阴间的权势不仅让我们屈服,还存在于我们里面——"就是现今在悖逆之子**心中**运行的邪灵"。我们**"本为可怒之子"**。神的忿怒是我们当受的,与我们如影相随,以致我们成了可怒之子。我们不是偶尔放纵肉体的私欲,而是"活在"其中。它是我们呼吸的空气。私欲的过度丑陋之于我们,就像水之于鱼。我们吸入的是对神的抵挡,呼出的是自我毁灭和当受的审判。我们在超市笑脸示人,向快递员快乐地打招呼,但在这一切背后,我们正悄悄地自立为王,因而耗尽了我们的灵魂受造时的美好、尊严与敬拜。我们不是偶尔陷入罪中;罪定义了我们每时每刻的行为、说法和思考的方式,是的,还包括欲望——"随着肉体和心中所喜好的去行"。我们不仅活在罪中,还以此为乐,情愿住在罪中。罪是我们喜爱

第十九章　丰富的怜悯

的宝贝、我们的"咕噜魔戒"⑤、我们固定不变的喜好。简言之，我们死了，彻底无望。而这正是神赐下怜悯的原因。

好吧，你可以说，这说的肯定不是我。我在一个遵纪守法的家庭里长大。我们一家都上教会。我洁身自好，从未有过犯罪记录，而且一向待邻居们友善。但听听保罗怎么说的："我们从前也**都**在他们中间，放纵肉体的私欲。"

你可能会说，肯定不是这样的。这位保罗从前是法利赛人，守律法者中的佼佼者，是"希伯来人所生的希伯来人；就律法说，我是法利赛人；就热心说，我是逼迫教会的；就律法上的义说，我是无可指摘的"（腓3:5-6）。他怎么能将自己归为放纵肉体私欲的人呢？而且，保罗不只一次这样描述自己。在《使徒行传》以及《腓立比书》3章中，保罗多次提到他的早年生活是"按着我们祖宗严紧的律法受教"（徒22:3），或"按着我们教中最严紧的教门"（徒26:5），甚至自幼年起就是如此（徒26:4）。然而，正如《以弗所书》2章，在《提多书》3章里，保罗再次表明他早年的生活是"无知，悖逆，受迷惑，服侍各样私欲和宴乐……"（多3:3）。那么，真相到底是什么呢？

要明白这两段经文的意思，唯一的方法是要知道，我们可以通过打破所有规则来放纵肉体的私欲，也可以通过遵守所有

---

⑤　咕噜是托尔金小说《魔戒》中的角色，贪婪狡诈，沉迷至尊魔戒不可自拔，译注。

规则来放纵；然而，这两种做法都是放纵肉体，都没有复活的生命。我们可以是不道德的死人，也可以是恪守道德的死人。无论哪种情况，我们都是死人。

神的怜悯不仅要洗净明显的坏人，还要洗净伪善的好人。这两种人都需要复活的生命。

神有丰富的怜悯。他不会不理睬某些罪人，却怜悯另一些罪人。因为怜悯是他的本性——"**既有**丰富的怜悯"——他对所有人都有怜悯。尽管我们的灵魂是死的，尽管我们生来就活在虚空中，如同行尸走肉，但神的怜悯胜过这一切。

当我们感到自己罪孽深重时，《以弗所书》2章4节中的怜悯就不再是遥不可及、抽象难懂的了。

第二，丰富怜悯的具体体现。

神丰富的怜悯对我们来说何等真实，不仅因为我们发现自己的本性何等堕落，还因为我们看见神心中涌流的怜悯具体体现在一个人身上。也许，属天的怜悯这个概念显得有些抽象，但假如那怜悯我们看得到、听得到、摸得到，会怎样呢？

这就是道成肉身。保罗在谈到基督的救恩显现时说："恩典已经显明出来……"（多2:11）神的恩典和怜悯不仅离不开耶稣，而且显明在耶稣身上，所以说基督显现，就是说恩

第十九章 丰富的怜悯

典显现。薛伯斯写道:"基督不过是纯粹的恩典以人性为外衣。"⑥

因此,当我们透过四福音书来看基督的服侍时,就看到"丰富的怜悯"是什么样子的——"丰富的怜悯"怎样说话,怎样对待罪人,怎样接近受苦的人。为了显明神有丰富的怜悯,耶稣不仅走向十字架替我们受死,以求得神的怜悯,还向我们显明那怜悯的实际情形以及所说的话。

换言之,因为基督的到来,神的爱"不可抵挡"(借用古德温的话)。在《以弗所书》2章6节中保罗指出,我们如今正与基督一同坐在天上。这就是说,倘若你在基督里,你就如他一样永远不可抵挡。薛伯斯说:"基督从哪里得到释放,我也从中得了释放。没有什么能伤害我,正如没有什么能伤害天上的基督一样。"⑦神若要取消你的复活,终结他丰富的怜悯,就必须把耶稣基督从天上拉下来,再放回到亚利马太人约瑟的坟墓。所以,不用担心,你很安全。

思想神对你自己的丰富怜悯。

---

⑥ Richard Sibbes, *The Church's Riches by Christ's Poverty*, in *The Works of Richard Sibbes*, ed.A. B. Grosart, 7 vols. (Edinburgh: Banner of Truth, 1983), 4:518.

⑦ Sibbes, *Works,* 4:504.

他不会半途而废。他从起初就是要叫死人得生命。在你归信的那一刻，他毅然决然，一次成就了这事；但当你犯罪和愚昧行事时，他又多次这样做。"我们蒙召之后，怎能再惹神发怒呢？"古德温在讲道中说。"所有基督徒都是如此……但（我们）已蒙拯救，因为神的爱不可抵挡，胜过一切的苦难。"[8]

或许看看自己的生活，你只能得出这样一个结论，神在基督里的怜悯漏掉了你。也许你深受苦待，被误解，被你所信任的人背叛，被抛弃，被利用。也许你的痛苦太深，唯有一死才可得解脱。你可能会这样想：**"我的生活中有神在基督里所赐怜悯的证据吗？我可没什么印象。"**

我要对你说的是，基督怜悯你的证据不在于你的生活如何，而在于他的生活如何——他曾被苦待、被误解、被背叛、被抛弃。他代替你承受这一切，直到永远。

如果神差遣自己的儿子经过定罪、弃绝和死亡的幽谷，那么当你在通往天堂的路上走过死荫幽谷时就可以倚靠他。

或许，你很难相信神在基督里有丰富怜悯，不是因为其他人对你做了什么，而是因为你自己毁了自己的生活，也许是因为一个重大而又愚蠢的决定，也许是因为千万个小决定。你枉费了他的怜悯，你自己也知道。

我要对你说的是，你知道耶稣是怎么对待那些枉费他怜

---

[8] Goodwin, *Works*, 2:175.

悯的人吗？他赐下更多的怜悯，因为他有丰富的怜悯。这才是关键。

无论我们是被人伤害，还是我们自己犯罪受苦，圣经指出，神不吝惜怜悯，而是大发怜悯，他并非鲜少怜悯，而是有丰富的怜悯。

神有丰富的怜悯意味着，怜悯的神从不忽略你最羞耻和懊悔的地方，他永远居住其中。

这意味着，你身上最让你感到难堪的地方，也是他抱你最紧的地方。

这意味着，他不像我们那样精于算计，时常防备。他的怜悯没有穷尽，如江河般宽广。

这意味着，我们那挥之不去的羞耻感对他来说不是问题，而是他最喜欢动工的地方。

这意味着，我们的罪不会影响他对我们的爱。相反，正因如此，他的爱才越发高涨。

这意味着，在那一日，当我们安静从容地站立在他面前时，我们会如释重负地哭泣，会惊讶地发现自己对他丰富怜悯的认识是何等贫乏。

第二十章 我们喜爱律法,他却乐施厚恩

神的儿子……他是爱我……(加2:20)

基督徒的生活方式有两种。你可以**照**基督的心生活,也可以**不照**。你可以讨神的喜悦,也可以不顾及神。你可以以新的身份——神儿女的身份生活,也可以相反。你可以与基督联合,也可以脱离他独自生活。

基督徒一生的争战都存在于与基督同心同行中,也就是说,每天早晨起来,你都要透过兄长基督的工作,以完全、自由的神儿女的心态取代你天然的孤儿心态。他是爱你,为你舍己,因为他有丰盛的恩典。

想象有个十二岁男孩在一个健康的、充满爱的家庭里长大。随着他渐渐成熟长大,通过他那完美的父母,他试图搞清楚如何做才能保住自己在家里的地位。有一周,他设法为自己做了一张新的出生证。下一周,他决定用他的空闲时间来清洁厨房。接下来一周，他决定尽可能模仿他父亲。一天，他父母问他为什么会有这些奇怪的举动，他回答说："我只是尽可能地保住自己在家里的地位啊！"他父亲会有什么反应？"冷静点！我亲爱的儿子。你做什么都不可能赚得你在我们心中的地位。你是我们的儿子，就是这样。当初你来我们家不是因为你做了什么，现在你也不会因为做了什么就离开我们家。儿子，放心吧，好好生活，要知道你的地位已定，不可撤销。"

在本章我们要通过思想《加拉太书》，用基督的心来影响我们固有的天然倾向，进而摒弃我们越顺服神神就越爱我们的观念。我们表现得就如那个十二岁的男孩，但天父则以正确的爱来回应我们。

《加拉太书》教导说，我们与神和好是借着基督的工，而非我们做了什么。因此，福音若加上人的功德就不再是福音了。不过，保罗在这封书信的主要负担不是归信时就要明白这一点，而是我们作为信徒很容易偏离这点。保罗的困惑在于："你们既靠圣灵入门，如今还靠肉身成全吗？"（加3:3）《加拉太书》的主旨是，基督徒的生命不仅源于神恩典与爱中的自由，也依靠它行走天路。①

---

① 路德在对《加拉太书》的注释中特别清楚地阐述了这一点。马丁•路德，《加拉太书注释》，李漫波译，生活•读书•新知三联出版社，2011年11月。

第二十章 我们喜爱律法，他却乐施厚恩

在这封书信中，保罗阐述了因信称义的教义，为要帮助加拉太信徒过健康的基督徒生活。称义代表了救恩的客观方面，但保罗还提到救恩的主观方面是基督的爱，比如他说"神的儿子……他是爱我，为我舍己"（加2:20）。健康的基督徒生活建立在福音的客观和主观两个方面上——因基督的工而称义，以及基督心中涌出的爱。

不过，这两方面是有关联的。1767年3月，牧师兼赞美诗作者约翰·牛顿（John Newton）在给友人的一封信中这样写道：

> 有时你是否应该感到惊讶，你竟然有这样的指望，你虽贫穷缺乏，主仍顾念？不要对你看到的一切感到沮丧。因为，若我们的医生无所不能，我们就不会对疾病感到绝望；而且若他不丢弃任何一个到他那里去的，那么我们还惧怕什么呢？我们的罪虽多，他的怜悯更多；我们的罪虽大，他的公义更大；我们虽软弱，他却有大能。我们大多数的抱怨都出于我们里面不信的恶心以及律法主义的残留。[②]

注意牛顿说到"你虽贫穷缺乏，主仍顾念"以及"凡到他那

[②] John Newton, *Cardiphonia,* in *The Works of John Newton*, 2 vols. (New York: Robert Carter, 1847), 1:343.

里来的，他一个也不丢弃"的事实（参见《约翰福音》6章37节，之前我们在第六章已探讨过）。牛顿完全明白基督的心，他将我们拒不接受这些保证的根本原因归结为"律法主义"。这是一段十八世纪风格的评论，针对的是因行为称义或律法主义，它是指我们里面那种根深蒂固却又不易察觉的倾向，想要用行为来赚取基督的恩惠。

牛顿帮助我们认识到，我们之所以对基督的心了解甚少，原因之一是我们凭着律法主义盲目行事。我们意识不到这一点，因为靠行为称义对我们来说简直太自然不过。但这扼杀了我们对基督内心的感觉，因为这种律法主义会让我们依据自己属灵状况的好坏来感知他的心。想象一下，你的房间里有一个与火炉连接的通风孔。如果你在寒冷冬日始终关闭这个通风孔，那么热气会一直在管道里循环，而你却感觉不到温暖，因为你关闭了通风孔。打开通风孔，你的房间就会暖和起来。暖气已经有了，正等着你享受。但你却没有从中受益。

《加拉太书》的存在就是为了打开我们心中的"通风孔"，使我们能感受到神的恩典。

但这爱与恩典不是很基本的道理吗？我们基督徒不是早就知道这些了吗？

第二十章 我们喜爱律法,他却乐施厚恩

是,也不是。在《加拉太书》3章10节里,保罗说了一些非同寻常却容易被人忽略的事。经文说:"凡以行律法为本的,都是被咒诅的。"经文进一步解释说,这是因为倘若我们想靠着行为称义,就必须行得完全。一旦我们要靠着行全律法的方式获得救恩,那么即使最小的失败也会令整个救赎工程功归一溃。

让我们想想保罗说"凡以行律法为本的,都是被咒诅的"(加3:10)是什么意思。"为本"是不错的译法,但想想"行"的意思(保罗在《罗马书》9章32节中说到以色列人"凭着行为"求时,也用到了这个词)。保罗并没有说那些"行律法"的人都受咒诅。他说的是,那些"以行律法为本"的人都当受咒诅。毫无疑问,二者的意思有重合,某种程度上,"行律法"的人包括了"以行律法为本"的人,但保罗显然指的是后者。

保罗是在揭示我们最深层的本性。他不是指你接受了什么教义,而是你以什么为本?以行律法为本不是不够,而是方向错了。它是一种灵,律法主义的灵。

随着时间的推移,我们越认识福音,就越了解基督的心,在我们旧人的生命中,福音穿透的第一层外壳就是为得称赞而**行**律法。但还有一种更深层的壳,一种本能或者"以……为本"的壳,也必须拆毁和摒弃。我们整天高喊要用行为讨神喜悦是多么徒劳无用,但同时心里却想"凭行为"。我们这种

"凭行为"的本性的外在体现是对因信称义教义的抵挡,而在更深层面上则是对基督之心的抵挡。

人里面那个完整的心理基础架构因着堕落,不停制造着关系杠杆、害怕失败、紧张不安、得失心、神经质的控制欲,焦虑导致的愚昧,这些与其说是我们的所说所想,不如说是我们散发出的生命气息。你可以在人们身上闻到它,尽管有些人善于隐藏它。如果你想通过所有的外在表现来追溯这种急于求成心理的根源,你会发现,其根源不是艰苦的童年生活,也不是性格原因,更不是弗洛伊德所说的潜意识,而是福音的缺失,对基督的心缺乏感知。所有的忧虑、关系失衡和怨恨都是凭律法生活的自然产物。如果你感受到,基督的爱真的可以带来安息、健康、兴旺、平安——那种真实存在的平安,会在你被福音得着的短暂时刻笼罩你,使你脱离以行为为本的风暴。在那一刻你看到,在基督里你真是不可战胜的。判决已定;什么也不能伤害你。神已使你成为他的儿女,绝不会丢弃你。

我们以为自己已经成功避开了一种只有愚蠢的加拉太人才会犯的错误:活出一种受律法驱使的、抵挡基督之心的意识。但这种意识其实是深刻、隐蔽和普遍的。它比我们偶尔能意识到的凭行为称义更普遍。那些自知的时刻实在是神的恩赐,不

第二十章 我们喜爱律法，他却乐施厚恩

应忽视。但它们只是冰山一角，是表面的症状。律法主义、凭行为，本质上来讲很难察觉。因为它对我们来说相当自然。我们感觉它很正常。"凭行为"之于堕落的人，如水之于鱼。

那么福音是怎么说的？这些话应当不离我们的口："神的儿子……他是爱我，为我舍己"。他想念我，在天上无法安静。尽管我们因为犯罪感受不到他的慈心，但他对我们的爱必不会因此而减少，正如无论是几缕云掠过还是持续的暴风雨天气，都不能影响到太阳的存在一样。阳光依旧灿烂，不可阻挡。有云或无云——有罪或无罪——基督温柔待我。这是一种从容不迫的情感。

新约的教导是：如今定义我的，是基督慈心的灼灼烈日，而非我罪的晦暗阴云。我们与基督的联合意味着，基督在十架上所受的刑罚就成了我们的刑罚。换言之，对那些在基督里的人来说，等候全人类的末日审判已经发生了。我们这些在基督里的人，不必等候将来的审判，而是应该注目过去；在十字架上，我们看到审判已经临到，众人的罪的刑罚都由耶稣一人承受。而今，蒙爱、复兴的你胜过、超越、吞灭了那个未得复兴的你，而不是相反。

基督徒的一生就是将我的自我意识、身份、自我以及我因福音的缺失而焦躁不安的内心世界，与基本真理相调和的过程。福音是一种邀请，让基督的心赐我们平安喜乐。因为我们已经被神寻回，被他收纳，进入他心里。我们要把自己时好时

坏的道德表现带进对耶稣那永不改变的心的降服中。

我们都是罪人。我们犯了罪——不仅在过去,也包括当下;不仅包括我们的悖逆,也包括我们"凭行为"的顺服。我们顽梗悖逆,拒绝基督来爱自己。但正如弗拉维尔所说:"你为什么要这样与自己的平安为敌呢?为什么要反复问神对你灵魂的爱有何证据呢……你为什么要找借口拒绝这些本该得到的安慰呢?"[3]

在福音里,我们可以自由地接受基督的安慰,那是我们应得的。不要拒绝。要敞开你的心门接受基督的爱,他是爱你,为你舍己。

一旦我们完全体会到他那乐施厚恩的心,我们就脱离了律法。

---

[3] John Flavel, *Keeping the Heart: How to Maintain Your Love for God* (Fearn, Scotland: Christian Focus, 2012), 94.

第二十一章 他过去爱我们，现在亦爱

> 神的爱就……向我们显明了。（罗5:8）

相信神不再顾念我们重生前所有的失败并赐下赦免是一回事。他的怜悯何等奇妙丰富，以致人用言语无法表达。但那毕竟是我们还在黑暗里生活时犯的罪。那时我们尚未成为新造的人，尚无法在光明中行走，也不能在生活中荣耀主名。

而相信神会一如既往地不顾念我们重生后所有的失败，则是另一回事。

也许，作为今日的信徒，我们知道神爱我们，也真的相信这一点。然而，假如我们更加仔细地省察每时每刻我们与天父的真实关系——这揭示了我们信奉的神学教义，不管我们说自己信什么——许多人便会认为，神对我们的爱夹杂着失望。他爱我们，但这爱却不太稳定。在我们的眼中，他带着父亲般的慈爱从天上俯视我们，但却微微皱眉："我为他们做了那么多，可他们怎么还是这么糟糕？"我们觉得神就是这么困惑。清教徒会说，我们现在仍犯罪"抵挡光"；我们知道真理，我们的心已经彻底改变，但依旧会跌倒。在神面前，我们依然垂头丧气。因为我们又在用自己爱的能力来测度神，却对神真实的本性一无所知。

因此圣经就有了《罗马书》5章6至11节这样的话：

> 因我们还软弱的时候，基督就按所定的日期为罪人死。为义人死，是少有的；为仁人死，或者有敢作的。惟有基督在我们还作罪人的时候为我们死，神的爱就在此向我们显明了。现在我们既靠着他的血称义，就更要藉着他免去神的忿怒。因为我们作仇敌的时候，且藉着神儿子的死，得与神和好；既已和好，就更要因他的生得救了。不但如此，我们既藉着我主耶稣基督得与神和好，也就藉着他以神为乐。

基督徒的良心是经圣灵重生之后的良心。如今，我们知道神是我们的父，我们的心眼已被打开，看见自己背叛了造物主，也比以前更深地感受到罪的丑陋。因着多次失败，我们在神面前退缩不前。因此，在提到神对罪人救赎恩典的喜悦之后（罗5:1-5），保罗停下来，说服我们要相信在未来神的同在与恩惠必伴随我们（罗5:6-11）。

在《罗马书》5章第二段里，保罗不止三次说了大意相同的话：

> **因我们还软弱的时候**，基督就按所定的日期为罪人死。（罗5:6）
> 惟有基督**在我们还作罪人的时候**为我们死。（罗5:8）
> **因为我们作仇敌的时候**，且藉着神儿子的死得与神和好。（罗5:10）

上述经文反过来说也是真理：我们若觉得自己刚强，耶稣就不用为我们而死了（罗5:6）；我们若能胜过罪恶，耶稣就不用为我们而死了（罗5:8）；我们若可以靠自己对神友善，神就不用与我们和好了（罗5:10）。

神的拯救不会半途而废。他不会退缩，毫无防备，也不会判断我们价值几何。他不是这样的神。神与他的儿子采取了主动。他赐下恩典，而且唯独恩典，不看我们当受的刑罚。而我们呢？尽管我们面带笑容、彬彬有礼，却尽可能地远离神，建造自己的王国，只求自己的荣耀，享受世界的虚假快乐，拒绝神的荣美，充耳不闻他召我们回家的声音——就在此时，在这种令人厌恶的空虚和恐惧中，天上的王子与热爱他的众天使告别。就在此时，他将自己交在那些悖逆之人的手中，这是一项神从亘古以来所定的计划，为的是洁净罪人，除去罪污，全心拥抱他们，尽管他们挣扎着试图逃离他，想要自己洁净自己。基督下到死亡之地——华腓德称他"甘愿忍受那种无法形容的痛苦"①——而我们却拍手称快，根本不在乎。因我们是软弱的罪人，是基督的仇敌。

唯有当圣灵浇灌在我们心里时，我们才幡然悔悟：他曾经历过我的死亡。他不仅死了，还受了刑罚。他不仅为我离开天堂，还为我忍受了地狱的煎熬。他本不应受刑罚，却替我担当刑罚——我才是该承受这一切的人。这就是他的心。神将圣灵注入我们空虚的灵魂，就像将一杯凉水倒入我们干渴的嘴唇，让我们体会到他的大爱（5节）。

这属天的拯救行动有什么目的呢？"神的爱就……向我们显明了"（8节）。这里"显明"一词的希腊文意思是明明地赞许，滔滔不绝地讲述，提出明确的观点，不容置疑。透过基督的死，神显明了我们那些关于他的阴暗思想以及长久以来的固有观念，即他的爱必定有结束之时、必定有限，终会枯竭。但基督的死颠覆了这种观念。他死是为了证明神的爱就如爱德

---

① B. B. Warfield, *The Person and Work of Christ* (Oxford, UK: Benediction Classics, 2015), 134.

华兹所说,是"一片洋海,其深其广不可测度"。[②]神的爱没有穷尽,就如神自己一样。因此,使徒保罗形容神的爱是何等的"长阔高深"(弗3:18)——宇宙中唯一无法测度的就是神。他的爱就与他自己一样,浩瀚无边。

若要神不再爱属他之人,除非他不存在。因为神不仅有爱,他自己就是爱(约壹4:16)。惟有基督在我们还作罪人的时候为我们死,神的爱就在此向我们显明了。

这是世界历史上最伟大的信息。不过,这并非保罗在6至11节里的主要负担。他其实另有所指。

在《罗马书》5章6至11节里,保罗想要表达的最终观点是什么?他不是在说神过去的工作。总的来说,他最大的负担是,因着神过去的工作,我们当确信他现今依旧。他依据基督过去的工作来阐明这个观点:倘若过去当我们行事乖僻、对神毫无兴趣时,神就已经为我们付出许多,那么现在我们还担心什么呢?第6至11节的主旨体现在第9节的"既"字上(注意经文在这里有一个转折):"现在我们既靠着他的血称义"——

[②] Jonathan Edwards, "That God Is the Father of Lights," in *The Blessing of God: Previously Unpublished Sermons of Jonathan Edwards*, ed. Michael McMullen (Nashville, TN: Broadman, 2003), 350.

这是保罗的关注点——"就更要藉着他免去神的忿怒"。第10节更是一语破的："因为我们作仇敌的时候,且藉着神儿子的死,得与神和好"——这里保罗再次表明观点——"既已和好,就更要因他的生得救了。"

第9节的"免去"和10节的"得救"都指向最终的救恩,它不是指今生的归信,而是来生进入神的同在。保罗的意思是,如果没有神一直看顾我们奔走天路,我们就不可能真正因信称义。归信不是全新的开始。它是真实的重生,是我们未来不可战胜的力量。在我们还作仇敌的时候,神就来到我们中间称我们为义;现今,我们已经与他为友——更确切地说,是他的儿女,神岂不是更加关心我们吗?就如弗拉维尔所说:"神起初拣选你不是因为你高尚,如今也不会因为你低俗就丢弃你。"③

我们这些与基督联合的人总想要知道,神如何看待我们现在的失败。因此,《罗马书》5章说,当我们还作神仇敌的时候,神就藉着他儿子的死亲近我们。现在我们既有心要讨他喜悦,他还会疏远我们吗?

我们从前是孤儿,常常失败,那时神就渴望为我们受苦。如今既然我们是他所收纳的儿女,他还会对我们的失败冷眼旁观吗?

---

③　John Flavel, *Keeping the Heart: How to Maintain Your Love for God* (Fearn, Scotland: Christian Focus, 2012), 43.

第二十一章 他过去爱我们，现在亦爱

我们失迷时，他待我们柔和谦卑。如今他既然寻回我们，会有改变吗？

"我们还……的时候……"我们过去在困境中，他已经爱了我们。现在我们遭遇困境，他依然爱我们。我们会因罪忧伤痛悔，这是我们蒙神收纳成为他儿女的结果。人心若冷漠，就不会为罪感到不安。我们不再是从前的我们了。

一旦犯罪，你就要彻底悔改。重新憎恨罪。再次将自己献给圣灵，跟从他的纯正之道。但要提防魔鬼说神对你不再温柔、他的心有点冷漠、有点硬的谎言。神不会因你的罪而烦乱。他最失望的事莫过于，你以为他会不冷不热。基督为你而死，对你宣告神的爱。

如果你在基督里——人只有在基督里才会为得罪神感到不安——那么你的任意妄为不会影响你在神爱中的地位，就如历史本身不可撤销一样。最艰难的那部分工作已经完成了。神已经做成了确保你拥有永恒福祉所需的一切工作，而且在你仍作孤儿的时候就做了。现在，没什么能剥夺你作为神儿女的身份，甚至你自己也不能。那些在基督里的人，神永远温柔对待他们，绝不会丢弃他们。来生我们会比今生犯罪少些，但这不意味着今生的保障会比来生少。你若与基督联合，在地就如同在天，正如司布真在讲道中所说的：

> 基督早在世界受造以先就爱了你；早在晨星第

一次照亮夜空时,早在天使扇动翅膀飞越穹苍之前,早在万物从空虚混沌之中诞生之前,神,我们的神,就已切切想念他的众儿女了。

从那时起,他可曾有过改变,他可曾转脸不看我们?没有;你们这些尝过他的爱、知道他恩典的人,可以为我作证,他是在各种多变环境中的一位不变的朋友……

你们常常远离他,但他可曾离弃你们吗?你们经历了那么多试炼和困苦,他可曾抛弃你们吗?他可曾改变心意不再怜悯呢?没有。神的孩子啊,你们庄严的职责就是对上述问题说"不",并为他的信实作见证。④

---

④ Charles Haddon Spurgeon, "A Faithful Friend," in *Sermons of C. H. Spurgeon* (New York: Sheldon, Blakeman, 1857), 13-14.

第二十二章　爱我们到底

他既然爱世间属自己的人，就爱他们到底。（约13:1）

班扬曾写道："基督的爱不会朽坏，对那些蒙他所爱的子民来说，他的爱既不会因他们身上发生的事，也不会因之后将要发生的事而断绝。"①在前几章里我们看到，基督对罪人和困苦人不是偶尔显出几分温柔，而是随着时间的推移倾倒出爱。当我们所有的可爱之处逐渐消失时，基督心里柔和谦卑，且坚定不移、始终如一、直到永远。

我们怎么知道呢？

因为《约翰福音》13章1节这样告诉我们，它是四福音书最后几章的总结：耶稣一步步走向十字架，他的心意没有改变，直至越过死亡的边界。

---

① John Bunyan, *The Saints' Knowledge of the Love of Christ,* in *The Works of John Bunyan,* ed. G. Offor, 3 vols. (repr., Edinburgh: Banner of Truth, 1991), 2:17.

从比例上来看,《约翰福音》对耶稣在世最后一周的描述比其他福音书更多。而《约翰福音》13章1节引出了这卷福音书最后的部分。耶稣爱属自己的人,且爱他们到底,这句话开启了对耶稣受难的记述,而基督受审和被钉十架是历史的证明,也是13章1节所概括的。约翰在这句经文中的重点是,在走向十字架的过程中,耶稣自己毫无保留,就像我们舍己爱人一样。但耶稣的爱与我们的不同。

我们爱,除非遭人背叛;尽管遭人背叛,耶稣却仍走向十架。我们爱,除非遭人厌弃;尽管始终遭人厌弃,耶稣却依然爱人。

我们的爱是有限的;但他的爱永无尽头,且爱我们到底。

《约翰福音》13章1节透过"到底"一词向罪人和困苦人说了什么?它与我们在上一章里探讨的《罗马书》5章的前半部分意思相近。《罗马书》的焦点更客观,因为保罗从《罗马书》3章开始到5章末了逐步阐述了"称义"的教义。而在《约翰福音》中我们看见了同样的保证,但它更主观,关注的是基督的爱。《罗马书》5章指出,神若离弃我们,就不再公义。而《约翰福音》13章指出,基督若离弃我们,就违背了自己的心。

第二十二章 爱我们到底

经文如下：

> 逾越节以前，耶稣知道自己离世归父的时候到了，他既然爱世间属自己的人，就爱他们到底。（约13:1）

耶稣知道这是他在世最后的日子。他正步入服侍的最后阶段和最黑暗的幽谷。他"知道自己离世归父的时候到了"。之后约翰稍作停顿，深情回顾了耶稣的事工，并期待最后一周的到来。他说，回顾过去，耶稣"爱世间属自己的人"；展望未来，耶稣将"爱他们到底"。

至此，耶稣的服侍一直极其耗费心力——他肉体上又累又饿；他被朋友家人误解和苦待；他被宗教领袖们逼入绝境，受到无理指控。但这一切与此刻摆在他面前的事相比又算得了什么？与溺水相比，凉凉细雨算什么？当你走向断头台时，一句辱骂的话算得了什么？

想想即将发生的事。耶稣已经坚定完成了天父的旨意。从始至终，他知道自己得了天父的喜悦和爱。这是父已明确宣告过的（太3:17；17:5）。现在，最可怕的事即将临到。地狱——不是比喻，而是对咒诅、黑暗与死亡的真实恐惧——将要吞灭他。

对我们这些声称自己受了十字架恩惠的人来说，十字架上到底**发生**了什么？

当然，这超出了我们的理解范围。一个三岁的幼童无法理解被配偶欺骗的痛苦。我们更无法理解，神将对他子民所有罪的审判都积蓄在一个人身上意味着什么。但想想我们自己的感受，当施暴者对无辜的受害者犯下无法想象的罪行时，我们就可以略微体会到，神对基督这位担当神子民一切罪的末后亚当会有何种感受。我们的义怒——若**不**愤怒就有问题了——与天父所发的神圣义怒相比，不过是沧海一粟。

毕竟，耶稣受刑罚不是因一人的罪，而是多人的罪。先知以赛亚说到那位"耶和华使**我们众人的**罪孽都归在他身上"（赛53:6）的仆人时，究竟是什么意思？基督担当了众选民积蓄的扭曲、自义和抵挡神的罪，意味着什么？神的义怒不是因一人的罪，而是"我们众人的罪孽"，最终归在一个人身上，会是怎样的情形？

这仅是猜测。不过就我个人而言，我不相信耶稣是因身体受尽折磨而死。身体的折磨与担当千百年来积蓄已久的忿怒相比算得了什么？就是那种沉重如山的恐惧感？在担当了神子民的每个私欲及行为积蓄的全部刑罚后——而这只是诸多罪中的一种，耶稣如何还能保持镇定呢？也许他彻底绝望，以致崩溃而死。如果**一想到**被神离弃就极其伤痛（路22:44），那么真正经历之时又是怎样的滋味？他死难道不是因为神收回对他的爱而非肺部缺氧所致吗？饮下神子民当受的一切刑罚后，谁还能保持情绪稳定呢?"面对这种心灵的苦楚,"华腓德写道。"十架酷刑带来的折磨显得那么苍白无力,因而我们可以相信,主虽然死在十字架上,却不是死于十架酷刑,而是死于我们通常所说的心碎。"② 基督内心痛苦万分,远胜他身体所受的苦楚。

新约圣经学者理查德·包衡(Richard Bauckham)指出,《诗篇》22篇1节("我的神,我的神!为什么离弃我?")最初是用希伯来语写成的,但耶稣用亚兰语说出来,其实是在指向自己。③ 耶稣不是在简单重复千年前大卫的呼喊,表达一种类似的经历。准确地说,《诗篇》22篇1节每一句痛苦的呼喊历经千年后在耶稣口中再次响起。经文所说的其实是他的感受,我们的感受不过是影儿。作为神的子民,我们所有被离弃的感受,在加略山那痛苦骇人的瞬间都凝聚于一个真正的人心中。那才是真正的离弃。

谁能忍受这一切呢?谁能不大声呼喊之后绝望而死呢?

当一个人觉得与神相交就像呼吸的氧气、食物和水一样,而且一生从未因罪中断时——如果他突然担当了我们所有罪的重担,结果会怎样?谁能活下来?失去这种深度的相交**就是死**

---

② B. B. Warfield, *The Person and Work of Christ* (Oxford, UK: Benediction Classics, 2015), 133.
③ Richard Bauckham, *Jesus and the God of Israel: God Crucified and Other Studies on the New Testament's Christology of Divine Identity* (Grand Rapids, MI: Eerdmans, 2008), 255-56.

亡。宇宙中至高者的爱心碎了。世上的光熄灭了。[4]

神倾倒义怒时,并非在砍伐一棵道德中立的树木,而是在击打那位最可爱的人。他美好良善,却遭人践踏和诋毁。"……被神击打苦待了"(赛53:4)。

这样我们这些丑陋的人就可以得着完全的更新、赦免和平安。他下到阴间,使我们得以进入天堂。他失去了天父的爱,使我们得以进入爱的国度。

这就是爱到底的意义所在。历经十架的恐怖,饮下污秽的浊流,背负累代的罪恶,这一切都是我们人类难以忍受的。

但他为什么要经受这一切呢?既然他是唯一不该承受这些的人,那他为什么还要忍受这地狱般的恐怖咒诅呢?

---

[4] 这并不是说圣子完全失去了天父的爱;从这个角度来说,三位一体不能被割裂开来。而且尽管神有三个位格,却是一位神,因此在谈论父与子之间的关系时,我们务要谨慎。这是在说子作为一个真正的人的经历,他是所有选民的代表,不再能感受到神的爱,失去了与天父的完全相交。关于这点,特别推荐弗兰西斯·图伦丁(Francis Turretin)*Institutes of Elenctic Theology*, 3 vols., trans. G. M. Giger, ed. J. T. Dennison (Phillipsburg, NJ: P&R, 1997),(第二卷里)的第十四个主题是,"基督的中保职分"(The Mediatorial Office of Christ),图伦丁说十字架是失去了父爱的经历,但不是彻底失去了父的爱。紧跟在受难的描述之后是耶稣在十架上被离弃的描述,这应当理解为耶稣(代表有罪的人)被神离弃,而非他作为神儿子被天父离弃。

第二十二章 爱我们到底

经文告诉我们："他既然**爱**……属自己的人，就**爱**他们到底。"班扬带我们了解他爱的方式：

> 爱地位与自己相同的人，爱地位高于自己的人是常有的；但万王之王、神儿子耶稣基督这样爱人却不常有：这爱奇妙无比，而且更奇妙的是，对那一位来说，他所爱的对象如此卑微、如此刻薄、如此邪恶、如此不配，如此无足轻重，正如经文所说的。
>
> 他被称为神、荣耀的王。但他所爱的人却被称为悖逆者、罪人、仇敌、尘土和灰烬、虼蚤、虫、影儿、云雾、可憎的、污秽的、有罪的、不洁的、不虔的愚昧人、癫狂之人。现在，难道我们不应感到奇怪，不应当受触动说，你会看上这样的人吗？然而，当他把心放在我们身上时，何尝不是如此呢？
>
> 他的爱是他存在的根本。神就是爱，而基督是神，所以基督就是爱，**爱是他的本性**。他不可能停止爱，除非他不存在……
>
> 基督并不要求蒙爱的对象必须美好。他发自内心地爱他们，无须任何条件。主耶稣定意爱他们。⑤

---

⑤ Bunyang, *Works,* 2:16-17; emphasis original.

注意，班扬说基督定意爱我们。当使徒约翰告诉我们，耶稣爱属自己的人，且爱他们到底时，他揭开面纱，让我们得以窥见耶稣的内心深处。他对属自己之人的心不像射出的箭，飞得快落得更快，也不像跑步的人，冲出起跑线后很快就慢下来，步履蹒跚。他的心如同雪崩，蓄势待发；他的爱如同野火，四处蔓延，越烧越旺。

这并不是说基督的爱不加选择。经文指出，他爱那些"属自己"的人到底。"属自己"一词在《约翰福音》中用来指基督的真门徒、神的儿女。例如，在《约翰福音》10章里，耶稣把跟从他的人比作他的羊，说"他按着名叫自己的羊"（约10:3）。对那些不属自己的人，耶稣是一位可怕的审判者，他的怒气无法平息或抑制。圣经教导我们，终有一天，耶稣将要"同他有能力的天使从天上在火焰中显现，要报应那不认识神和那不听从我主耶稣福音的人"（帖后1:7-8）。这段经文还指出，那些不属基督之人"要受刑罚，就是永远沉沦"（帖后1:9）。

但耶稣为了属自己的人，亲自担当了他们的刑罚。他定意爱他们，因他们是属他的。欧文写道："即便是世上最卑贱、最软弱、最贫穷的信徒，基督也珍视他胜过世间万物。"[6]

基督爱属自己的人，至死不变。这对你来说意味着什么？

---

[6] John Owen, *Communion with God* (Fearn, Scotland: Christian Heritage, 2012), 218.

它意味着，首先，你的未来是有保障的。如果你是属他的，那么天堂与得赎的日子必然来到，因为他不可能离弃你。他使你成为属自己的人，你无法从他手里挣脱。

其次，这意味着他必*爱*你到底。透过他的死，你的未来就有了保障；他的心还证明，你如今一样有保障。他必将爱你到底，因为他不能不这么做。他不会半途而废，也不会提什么要求。他必爱他们到底——"直到他们生命的尽头，罪恶的尽头，试探的尽头，惧怕的尽头。"⑦

---

⑦ John Bunyang, *The Work of Jesus Christ as an Advocate*, in *Works*, 1:201.

第二十三章　永远定睛他

> 要将他极丰富的恩典,就是他……向我们所施的恩慈,显明给后来的世代看。(弗 2:7)

万事的终极意义是什么?我们渺小平凡一生的**终极目标**、宏观原因和目的是什么?

根据圣经和历史,我们的回答是"为了荣耀神"。

毕竟,除此之外还能有什么?我们是艺术品,为展示美而造,好吸引人们来关注那位造我们的"艺术家"。我们受造只为这事。当我们为荣耀神而活时,我们步入了唯一真正的人性化生活。我们正常生活,就如同一辆靠汽油而不是果汁驱动的车。最重要的是,还有比这更令人喜悦的生活吗?追求自我的生活是多么令人疲惫啊!而为他人活的喜乐是多么充满力量啊!

然而,如果人生的终极目标是要荣耀神,我们又该如何做呢?换句话说,如果我们能就"为什么"而活达成一致,那么我们能否也就"如何"活达成一致呢?我们应当如何荣耀神?在进入永恒的过程中,神如何永远得荣耀呢?

我们荣耀神的方式之一是顺服,不再自以为是,而是信靠神,相信他才是生命之道。圣经呼吁我们在外邦人中当"品行端正",叫他们"因看见你们的好行为,便……归荣耀给神"(彼前2:12)。

在研究基督内心的最后一章里,我想探讨荣耀神的另一种方式,一种永远有效的方式。在这方面,爱德华兹是我们的导师。

爱德华兹在晚年的一次布道中说:"世界受造似乎就是为了这个特别的目的……"此刻,你会怎样将这个句子补充完整?爱德华兹是这样说的:

> 世界受造似乎就是为了这个特别的目的,即神的永恒之子可以得到一位配偶,他可以遵从自己的本性,以无限的恩慈待她,他可以说是完全屈尊降贵,打开心中一切爱和恩典的源泉,尽都浇灌于她,

第二十三章 永远定睛他

并通过这种方式荣耀神。①

如果你非常熟悉爱德华兹,你可能会发现他事工和写作的重点之一就是神的荣耀。他是一位完全以神为中心的、与众不同的思想家。他写了一篇名为《神创世的目的》(The End for Which God Created the World)的文章,其中他论述的一个重点是,世界的存在是为了荣耀神。

但有时我们不太明白爱德华兹的意思。上述引文是一段具有代表性的论述。神创造世界,是为了让他儿子内心的情感有一个宣泄的出口。如今,我们很少使用"**仁爱**"(benevolence)一词,它指的是一种恩慈良善的性情,一触即发的怜悯之情。想象一条被大坝阻断的河流,水越蓄越多,随时可能奔涌而出——基督内心的良善就是这样。他有无限的慈爱,而人类历史就是他"完全屈尊降贵,将心中一切的爱和恩典尽都浇灌下来"的机会。世界的受造以及它被罪毁灭后需要的重建,都让基督无法抑制自己内心的情感。基督内心的洪流使神的荣光比其他任何时候都照耀得更远、更亮。

---

① Jonathan Edwards, "The Church's Marriage to Her Sons, and to Her God," in *The Works of Jonathan Edwards, vol. 25, Sermons and Discourses, 1743–1758*, ed. Wilson H. Kimnach (New Haven, CT: Yale University Press, 2006), 187。爱德华兹在他的《圣经笔记》(*Notes on Scripture*)中先引用了《以赛亚书》62章5节,之后表达了类似的观点。*The Works of Jonathan Edwards*, vol. 15, *Notes on Scripture,* ed. Steven J. Stein (New Haven, CT: Yale University Press, 1998), 187.

基督与新妇在婚姻中的大喜乐开始于今生,但我们只能稍微经历到一些。然而,他与新妇的最终结合是在圣经最后,那时新耶路撒冷从天而降,"预备好了,就如新妇妆饰整齐,等候丈夫。"(启21:2)在永恒中,我们将会与神的荣耀有份——但如何做呢?答案是:基督的荣耀在他对罪人的爱里显明出来,并且他享受这样的爱。

致力于向美洲原住民传福音的著名宣教士毕大卫(David Brainerd),于1747年10月在美国马萨诸塞州西部爱德华兹的家中去世。爱德华兹在其追思礼拜上有一场布道。他在谈到圣徒来世与基督相见时说:"他们将要看见基督荣耀的本质,这将吸引和激励他们,因为他们不仅要看见他无限的威严与荣耀,还有与其威严相称的无限恩惠、谦卑、柔和与甘美。"这样,"当他们看见基督大君王的尊严就不会惧怕,只会更快乐、更惊喜。"具体来说:

> 离世圣徒的灵魂在天上与基督同在,基督将会向他们敞开胸怀,向他们显明那从亘古以来就有的无限丰富的爱……他们将吃喝饱足,畅游在爱的汪洋中,永远沐浴在无限光明、无限温柔、无限甘美的神爱的光芒中。[2]

---

[2] Jonathan Edwards, "True Saints, When Absent From the Body, Are Present With the Lord," in *Works*, 25:233.

第二十三章 永远定睛他

世界被造是为了使基督完全彰显他的慈心。而天上最大的喜悦就是他对我们的心永远敞开、永远强烈。

但这合乎圣经吗?

在前面的学习里,我们曾讨论过《以弗所书》2章4节里"丰富的怜悯"一词。你是否注意到,保罗在这句经文的结尾(弗2:7)说到我们得救的根本原因。在描述了我们若靠自己陷入绝望境地之后,他写道:

> 然而神既有丰富的怜悯,因他爱我们的大爱,当我们死在过犯中的时候,便叫我们与基督一同活过来(你们得救是本乎恩)。他又叫我们与基督耶稣一同复活,一同坐在天上,要将他极丰富的恩典,就是他在基督耶稣里向我们所施的恩慈,显明给后来的世代看。

在新天新地里永恒生命的意义在于,神"要将他极丰富的恩典,就是他在基督耶稣里向我们所施的恩慈,显明……"

给我们看,就是我们这些普通人。我们在忧虑中度过一生,犯罪又受苦,失迷又回归,懊悔又绝望,不断偏离我们在基督里必定永远享受的一切。

《以弗所书》2章7节这类经文真的能和我们的实际生活联系起来吗？还是说它**只是神学家的写作素材**？

在我们即将结束对基督内心的探讨时，我想再次回到《以弗所书》2章7节，思索这节经文带给我们的信息，它只是反映了圣经关于我们未来的教导。

"要将他极丰富的恩典，就是他在基督耶稣里向我们所施的恩慈，显明给后来的世代看"——对那些在基督里的人来说，这意味着什么？这意味着，终有一天，神要带领我们穿过衣橱进入纳尼亚③，我们将站在那里，因喜乐、惊讶和释放而俯伏在地。

这意味着当我们站在那里时，我们不会因为今生的罪受责备，不会遭人怀疑，也不会有人告诉我们："享受这些吧，但要记住你不配。"天堂与永恒的意义在于，享受他的"**恩典……恩慈**"。假如天堂的目的就是要将他极丰富的恩典显明出来，那我们就有了保障。我们担心犯罪会让我们出局，但罪只会凸显出神的恩慈何等奇妙。

这意味着，我们现今的堕落并不是拦阻我们得享天堂的障碍，而是享受天堂的关键因素。无论我们的生活多么糟糕——那都是我们最终荣耀、平安、光辉的一部分。正是我们做的那

---

③　C. S. 路易斯的系列小说《纳尼亚传奇》中的情节，书中的主人公穿过衣橱，进入神奇的国度纳尼亚，译注。

件令自己生活陷入崩溃的错事上——基督里的神在今生显得无比真实，在来生对我们来说也更加奇妙。（而我们中间那些自觉完美的人，有朝一日到那里后将更深地意识到，罪、自义、骄傲和所有故意的叛逆意识在我们心里是多么根深蒂固，但这一切却令神的恩慈倾倒下来，我们也将站立其中，惊叹于他对我们的心何等伟大。）

倘若他的恩典是"极丰富"，那么我们的失败不会大过他的恩典。我们觉得被生活完全压垮的时候，正是神切切想念我们之时。常常困扰我们的失败与懊悔，正是他坚定不移地爱我们的地方。

倘若他的恩典是"**极丰富的**"——而非有限或适度——那么我们的罪就永远不会让他心力交瘁。相反，他的百姓越软弱、越失败，他就越想念他们。

《以弗所书》2章7节不只是说"他极丰富的恩典"，而是说"他极丰富的恩典……**恩慈**"。"恩慈"一词的希腊文意思是，一种尽其所能避免他人不适的愿望。在《马太福音》11章30节里耶稣说"我的轭是**容易的**"时，也用到了这个词。他的轭是恩慈的。古德温谈到《以弗所书》2章7节的"恩慈"时说，"这个词蕴含了全部的甘甜、坦率、亲密、真诚、良善以及他全部的心。"[4]

---

[4] Thomas Goodwin, *The Works of Thomas Goodwin*, 12 vols. (repr., Grand Rapids, MI: Reformation Heritage, 2006), 2:277.

他的恩典是"向我们"的。"向我们"也可以译成"为我们"，甚至是"浇灌我们"或"在我们身上"。它取决于你个人，并不抽象。他的心、他的意念，是向我们的，从现在直到永远。他的恩典不是一个谜，我们必须绞尽脑汁才能摸索到进入的门道。他将他的恩典赐给我们，是单独赐给每个人的，是永不断绝的。实际上，他赐下的是他自己——并不存在"恩典"这样的东西（注意，这是罗马天主教的教导）。他所赐的恩典并不抽象，而是基督自己。因此，保罗立即加上"在基督耶稣里"一词。

谈到"在基督耶稣里"，你是否意识到，你**在基督里**的最大的事实是什么？那些与他联合的人已经得着应许，所有那些挥之不去的破碎，影响着你的一切——每一段关系、每一次对话、每一个家庭、每一封邮件、每天清晨醒来的时刻、每一份工作、每一次假期——所有的一切——终有一天都将重建，完全翻转。我们今生经历的黑暗与痛苦越多，来生所得的冠冕与释放就越大。在C. S. 路易斯创作的《开往天堂的巴士》（*The Great Divorce*）里，有个人的话反映了圣经的教导："那是属血气之人所误解的。他们说暂时的苦楚是'未来的福乐无法弥补的'，却不知道，一旦进入天堂，就会改变过去，甚至将那种痛苦变为荣耀。"[⑤] 你若在基督里，就永远不可战胜。这段

---

⑤ C. S. 路易斯，*The Great Divorce* (New York: HarperCollins, 2001), 69. 中译本参考《开往天堂的巴士》，台北：校园书房，2013。

经文说的是神使死人再活过来，而非神帮助受伤的人。但神怎样使我们活过来？约翰·欧文说："他爱的生命进入我们里面，他注入死人身体里的复活大能就是爱本身。"⑥

《以弗所书》2章7节告诉我们，死亡并不是终点，而是起点；它不是一堵墙，而是一扇门；它不是出口，而是入口。

整个人类历史以及永恒本身的意义在于，展示那不能完全展示的，证实那不能充分证实的。在来世，我们将越来越深地体会到神的仁慈之恩，洞悉他的内心，我们对他的心了解越多，就越能看到它无法完全理解，不能测透。

对那些不在基督里的人来说，今生就是他们最好的生活。而对那些在基督里的人来说，《以弗所书》2章7节是关于永恒的愿景，就在下一个转弯处，而今生是他们最糟糕的生活。

> 在那复活的清晨，当公义的日头出现在诸天之上，发出他一切的荣耀和光辉，他要到来，好像新郎；他要在他父的荣耀中与众圣天使一同到来。
>
> 那将是这位荣耀的新郎与他新妇一次喜乐的聚会。那时，新郎将除去帕子，显现在他的荣耀里；那时，众圣徒将要发光如同日头，在他们父的国里，在他们救赎主的右边。

---

⑥ John Owen, *On Communion with God*, in *The Works of John Owen*, ed. W. H. Goold (repr., Edinburgh: Banner of Truth, 1965), 2:63.

柔和谦卑

　　时候到了，基督将甜蜜地邀请他的佳偶与他一同进入荣耀的殿中，这是他从创始之初就一直在为她预备的。他将牵着她的手，带她一同进入：这荣耀的新郎与新妇将装饰整齐，璀璨耀眼，熠熠生辉，一同升入天上的天。又有荣耀的众天使等候他们：而这位神子与神的百姓将在他们共同的荣耀与喜乐中，一同站在天父面前。那时基督要说："我在这里，还有你赐给我的人"；而他们要在这样的关系中联合，共同领受天父的祝福；从那时起，在完美的、不间断的、不变的、永恒的荣耀中，在彼此的爱和接纳中，在天父的爱中一同欢喜快乐。⑦

---

⑦ Jonathan Edwards, "The Church's Marriage to Her Sons, and to Her God," in *The Works of Jonathan Edwards*, vol. 25, *Sermons and Discourses, 1743–1758*, ed. Wilson H. Kimnach (New Haven, CT: Yale University Press, 2006), 183–84.

经文索引

创世记
3	156
6:6	143
8:21	143

出埃及记
16:1-36	157
31:1、15、19	157
31:12-18	157
33-34	156，158
33:6-7	151
33:18-19、22	151
34:2、3、29	157
34:6-7	149，150，151，154，157
34:9-10	157
34:29-33	157
34:30-31	157

利未记
5:3、6	22

民数记
14:18	150
15:27-31	48

申命记
7:9	153

撒母耳记上
1-4	9

历代志上
17:19	179

尼西米记
9:17	150
13:22	150

诗篇
4:4	110
5:8	150
22:1	209
63:8	60

69:14	150	耶利米书	
86:5、15	150	1:16	169
89:2	164	2:13	169
103:8	150	3:2	170
103:11	163	4:14	170
145:8	150	5:23	170
		6:7	170
箴言		31:3	169
4:23	9	31:20	169,175,178
		31:31-34	14
以赛亚书		32:41	141
6:1-8	66		
28:21	142	**以西结书**	
40:10-11	48	33:11	141
53:2	40		
53:4	110,210	**耶利米哀歌**	
53:6	208	3	137
54:7-8	155	3:2-16	140
55	164	3:32-33	150
55:6-9	159,161	3:33	137,139,141,146
55:8-9	159,162,163,164		
55:12-13	166	**何西阿书**	
57:15	167	11	71
63:7	150	11:1-9	144
62:5	217	11:7-9	69,71
		11:8	63

阿摩司书
3:6	135

约拿书
4:2	150

弥迦书
7:18	178

那鸿书
1:3	150

撒迦利亚书
9:9	9

马太福音
3:17	207
5:5	9
5:19-20	12
8:2-3	17
9:2、35-36	18
10:37	93,94
10:29-31	135
11:19	113
11:21、24	11
11:28-30	8, 11, 14, 15, 17, 95, 178, 221
14:14	17, 18
15:32	18
17:5	207
18:6	107
20:30-31	104
20:34	104
21:5	9, 137
23:4	108
23:15	108
23:24-35	108
23:27	108
25:21、23	27

马可福音
1:22	19
1:24	114
1:40、41	104
6:2	157
6:34	18
6:30-44	157
6:45-52	157
6:46	157
6:49-50	157, 158
6:53-56	157
9:2-13	157
10:21-23	27

227

路加福音

4:9	114
7:12	104
7:13	18，104
10:21	27
13:1-5	135
13:11	78
15:1	114
15:7、11	32
19:41	18
22:44	208

约翰福音

1:14	156
2:13	150
2:15	108
3:6-7	124
6:37	192
10:3	212
10:33	101
11:33、38	109
13:1	203，207
14:8	135
14:9-10	135
14:16、26	84，118
15:26	84
15:15	118
16:7	84
16:8	124
16:13	124
16:27	78
17:13、24	136

使徒行传

5:20	63
7:25	78
10:38	103
22:3	183
26:4	183
26:5	183

罗马书

2:4	13
3-5	206
5:1	74
5:1-5	198
5:6-11	197，198，201
5:8	197
8:11	124
8:13	124
8:19	166
8:21	166
8:26-27	124
8:33-34	75
9:32	193
12:16	10

哥林多前书
6:15-16	25
15:10	12
12:4-7	124

哥林多后书
1:3	129, 131, 133
4:4-6	135

加拉太书
2:20	191
3:10	193
4:6	124
5:18、25	124
5:22-23	124
6:7	154

以弗所书
1-6	177
2	182, 183
2:1-3	181
2:4	177, 179, 184, 219
2:6	185
2:7	215, 219, 221, 223
3:15	135
3:18	201
4:26	110
4:32	13

腓立比书
2:9-11	15
2:12-13	12
3:5-6	183

歌罗西书
1:29	12

帖撒罗尼迦后书
1:5-12	146
1:7-9	212

提多书
3:3	183
2:11	184

希伯来书
1:3	135
2:17	102
4:15	35, 36, 37, 39, 40, 46, 47, 102
4:14-16	38, 42
5:2	45, 46, 47, 48

7:23-25	79	2:12	216
7:25	31，73，83，86		

约翰一书

7:26-27	40	2:1	83、86
8:1	32	2:2	85
10:12	32	4:16	201
10:24	153		
12	31，68		

启示录

12:2	27，31	1:12-16	117
13:8	25	1:14-16	15，48
		2:12	48

雅各书

		3:17、20	116
4:6	10	5:3、6	22
5:11	132	5:5-6	48
		21:2	218

彼得前书

3:4	10

www.ingramcontent.com/pod-product-compliance
Lightning Source LLC
Chambersburg PA
CBHW020405080526
44584CB00014B/1175